Jon Semadeni
Die rote Katze
Il giat cotschen

Jon Semadeni
Die rote Katze
Il giat cotschen

Rätoromanisch und Deutsch
Übersetzt von Mevina Puorger und Franz Cavigelli

Limmat Verlag
Zürich

ch reihe
Literatur in der Schweiz
in Übersetzungen

Dieses Buch erscheint mit Unterstützung
der *ch* Stiftung für eidgenössische
Zusammenarbeit, der Oertli-Stiftung
und der Fondation Ex Libris.
Die Übersetzung wurde mit
einem Beitrag der Kulturstiftung
Pro Helvetia unterstützt.

Auf Internet
Informationen zu Autorinnen und Autoren
Dokumente und Materialien zu Büchern
Hinweise auf Veranstaltungen
Schreiben Sie uns Ihre Meinung zu diesem Buch
http://www.limmatverlag.ch

Umschlagbild von Niklaus Hasenböhler (1937–1994),
«Val Roseg II», 1993/Pro Litteris
Umschlaggestaltung von Urs Berger-Pecora

© by Mengia Semadeni, Samedan
Alle deutschen Rechte vorbehalten
© 1998 by Limmat Verlag, Zürich
ISBN 3 85791 321 5

Die rote Katze
Il giat cotschen

Coura sün via van ils standschens.
I daracha a tschêl ruot.
Eu dun man la crotscha e büt la pelerina sur las spadlas giò.
La porta as riva.
Ün vent fraid sofla incunter. E la plövgia chantina süls tets da tola.
Mias chammas tramurtidas as movaintan da quai airas.
Plan a plan chattna darcheu quel pass monoton chi sönulainta il spiert.
La crotscha batta il tact e va ouravant palpand la via crappusa.
Giò da Chantstip van ils auals, e'l bügl da Plazetta as najainta.
Eu pass speravia sco üna sumbriva e bandun las ultimas chasas.
La saiv torta a schnestra m'accumpagna.
Ils pösts am muossan la via aint il s-chür.
E'l s-chür am lascha cun pos, am lascha sulet dapermai.

Draussen rauschen die Dachtraufen.
Es giesst aus offenem Himmel.
Ich greife den Stock und werfe mir die Pellerine über die Schultern.
Die Tür öffnet sich.
Ein eisiger Wind bläst mir entgegen. Und der Regen singt auf den Blechdächern.
Meine tauben Beine sind steif. Nach und nach finden sie wieder in diesen monotonen Schritt, der den Geist einlullt.
Der Stock schlägt den Takt und tastet sich den Weg auf der steinigen Strasse.
Von Chantstip her fliessen die Rinnsale, und der Brunnen von Plazetta steht bald unter Wasser.
Ich gehe wie ein Schatten daran vorbei und lasse die letzten Häuser hinter mir.
Der schiefe Zaun zur Linken begleitet mich.
Die Pfähle weisen mir im Dunkeln den Weg.
Und das Dunkel lässt mir Ruhe, überlässt mich mir allein.

Aint illa s-chürdüm as muossan mias conturas: ün hom vegl per via, sulischem sulet, cun üna crotscha in man. La crotscha va ouravant e'l pè e l'ögl sieuan.

A dretta il mür in gramüsch, a schnestra la saiv.

Il god sü sur ils chomps e'l flüm cagiò fan la not amo plü profuonda. Mo'l vegl es suord e nu doda lur chanzun. El chamina ad ün chaminar, e seis pè zappa il passà e'l trapassà.

Ils pösts veiders chi badaintan giò vers il röven al sun vegls cuntschaints. Quels sun falombers ed as tegnan cun stainta vi da las lattas, sco ch'el as tegna vi da sia crotscha.

La crotscha chi uossa dandettamaing as fadima.

Eu doz il cheu e taidl.

Mias uraglias m'ingianan. Ellas dodan las vuschs dal cumün, il srantunar da la charra sün via, il s-chellam da la muaglia, la giaischla dal paster. Eu tegn il flà. – Il schlop da la giaischla es ün tun da schluppet. –

E'l tun da schluppet am tocca sco üna giaischliada!

Eu tuorn inavo. Pro la cruschada stuna salda ün mumaint e pass lura aint da Valserta.

La via veglia es creschüda aint e bod invlidada. Ella as stordscha tanter la frus-chaglia oura. In mia memoria dod eu il pluschignar illa föglia. Ils guots as ramassan, straglüschan, as stüdan e svanischan illa s-chürdüm.

Las algordanzas sun s-chüras e van ferm inavo.

I van ferm inavo e dvaintan tarabla.

In der Dunkelheit zeichnet sich mein Umriss ab: ein alter
Mann allein unterwegs, in der Hand einen Stock. Der Stock
geht voran, Fuss und Blick folgen.
Rechts die eingefallene Mauer, links der Zaun.
Der Wald über den Äckern und der Fluss unten machen die
Nacht noch schwärzer. Doch der Alte ist taub und hört ihr
Lied nicht. Er geht und geht, über Vergangenes und längst
Vergangenes.
Die alten Pflöcke, gegen die Böschung hin, sind ihm alte
Bekannte. Sie sind morsch und halten sich mit Mühe an den
Latten aufrecht, wie er an seinem Stock.
Der Stock, jetzt hält er plötzlich inne.
Ich hebe den Kopf und lausche.
Meine Ohren täuschen mich. Sie hören die Stimmen im
Dorf, das Ächzen der Karren auf der Strasse, Kuhglocken-
geläut, die Hirtenpeitsche. Ich halte den Atem an. – Der
Peitschenknall ist ein Gewehrschuss. –
Und der Gewehrschuss trifft mich wie ein Peitschenknall!
Ich gehe zurück. Bei der Kreuzung halte ich einen Augen-
blick inne und schlage den Weg gegen Valserta ein.
Der alte Pfad ist verwachsen und scheint vergessen. Er
schlängelt sich durch das Unterholz. In meiner Erinnerung
das Tropfen der Blätter. Die Tropfen sammeln sich, leuch-
ten auf, erlöschen und verschwinden in der Dunkelheit.
Die Erinnerungen sind dunkel und führen weit zurück.
Sie führen weit zurück, zurück zu alten Geschichten.

Eu am sdruagl immez stüva sül bratsch da meis bap. Eu sun circundà d'üna rotscha da corvs. Ils corvs sun duonnas veglias cun fazöls da cheu nairs. I dan dals mans e fan da's dar via. Mamma es anguoschiada e piglia a bap il pitschen giò'd bratsch. – Eu nun incleg inguotta.
Sün maisa stan las paneras cun tagliadinas.
Es quai ün sömmi?
Inchün disch: «Mo dit, mo dit, il pover uffant vess pudü stendscher.»
Uossa m'algorda: mamma vaiva miss il pitschen in let. Vi sül scrign ardaiva la chandaila e scurrantaiva d'incuntin il s-chür vi ed our da fanestra.
Giò'n stüva as dudiva il rumurar dals ravels e'l taloccöz e tavellöz da las vaschinas chi d'eiran gnüdas a far tagliadinas culs cuogls da la Brüna.
Las fanestras d'eiran ögls tuorbels sönantats.
E plan a plan s'han els stüzs. Lura d'eiran qua ils corvs e svolazzaivan intuorn mai e faivan da's dar via. E'ls corvs d'eiran duonnas veglias chi daivan dals mans. E suot il fazöl da cheu oura glüschivan ils ögls tuorbels. Hai, eu m'algord sco schi füss hoz, mamma am vaiva quintà: la chandaila d'eira cupichada e'l scrign vaiva cumanzà a tschimar ed arder. Inchün vaiva dudi a dschemar casü il pitschen chi d'eira per stendscher, e bap til vaiva pudü salvar e portar giò'n stüva. –

Ich erwache, mitten in der Stube, auf dem Arm meines Vaters. Um mich ein Schwarm von Raben. Die Raben sind alte Frauen mit schwarzen Kopftüchern. Sie ringen die Hände und sind ganz ausser sich. Mutter ist verängstigt und nimmt Vater den Kleinen vom Arm. – Ich verstehe nichts.
Auf dem Tisch stehen die Teigbretter mit den Nudeln.
Ist es ein Traum?
Jemand sagt: «Seht nur, das arme Kind hätte ersticken können.»
Jetzt erinnere ich mich: Mama hatte den Kleinen zu Bett gebracht. Drüben auf der Truhe brannte die Kerze und bannte in einem fort die Dunkelheit aus dem Fenster.
Unten in der Stube das Geräusch der Wallhölzer und das Schwatzen der Nachbarinnen. Sie waren gekommen, um aus der Biestmilch der Brüna Nudeln zu machen.
Die Fenster waren verschlafene trübe Augen.
Und allmählich erloschen sie. Dann kamen die Raben und flatterten verzweifelt um mich. Und die Raben waren alte händeringende Frauen. Und unter dem Kopftuch leuchteten die trüben Augen. Ja, ich erinnere mich, als wäre es heute gewesen, Mama hat es mir erzählt: Die Kerze war umgekippt, und die Truhe hatte zu glimmen und zu brennen begonnen. Jemand hatte das Wimmern des erstickenden Kleinen oben gehört, Vater hat ihn gerettet und in die Stube hinunter getragen. –

Eu füss i via sainza savair nouvas da nöglia, simplamaing m'indurmanzà per adüna.

I's vess spargnà bler travasch.

Uossa sun eu qua, vegl e mandasch e stögl tuottüna am parderdscher per ir.

Mo bain, pigliain tuot sco chi vain. In mi'età nu's faja plans. I's guarda inavo, i's viva da las algordanzas.

E sch'eu pudess, pigliessa ün sdratsch e terdschess oura eir quellas. Mo bleras sun scrittas in custabs da fö, e tuot l'aua da l'En nu tendschess per tillas stüder. I sun scrittas cun las flammas da mias paschiuns e cun l'arsaja da meis vizis.

E tuottüna, che füss la vita sainza la schmagna da tilla posseder! Che füss il pan sainza la fom? Il vin sainza la said?

Ich wäre ahnungslos hinübergegangen, einfach eingeschlafen, für immer.
Man hätte sich viel Mühsal erspart.
Jetzt bin ich da, alt und gebrechlich, und muss mich doch fürs Gehen bereit machen.
Nun denn, nehmen wir jeden Schritt, wie er kommt. In meinem Alter macht man keine Pläne. Man schaut zurück, man lebt von den Erinnerungen.
Und wenn ich könnte, so würde ich einen Lappen nehmen und auch diese aufwischen. Viele jedoch sind in feurigen Lettern geschrieben, und das ganze Wasser des Inns würde nicht reichen, sie zu tilgen. Sie sind mit den Flammen meiner Leidenschaften und dem Durst meiner Lust geschrieben.
Und doch, was wäre das Leben ohne die Gier zu haben. Was wäre das Brot ohne den Hunger, der Wein ohne den Durst?

L'istorgia ha cumanzà uschea:
eu guard aint in ün pêr ögls nairs be fö. La bocca fa minz da rier; «üna fantschella tscherchais? Eu savess nouvas d'üna, sar Chispar.» La stria! – eu vulaiva far nardats e la canaglia am piglia pel pled. –
Dandettamaing sun quai ils ögls da sia mamma chi'm fissan. Evenimaints dal passà dvaintan vivs e's cunfuondan culs giavüschamaints dal mumaint, cun l'arsaja davo la plü grand'aventüra, quella chi's repeta sainza esser russa dal temp.
La saira tuorn eu a chasa, tschain in prescha, di buna not als meis, am ser aint i'l büro e festagesch fingià ouravant la victoria cha meis corp e mi'orma illechan cun brama. I saran da surmuntar impedimaints, veglias dschigliusias, tant in chasa mia co in quella da la matta.
Il bap farà strepits, e la mamma – quella am cugnuoscha!
Eu baiv vin, baiv e baiv, ed our d'üna sbrinzla van bainbod sü las flammas.
Sort buntadaivla!
La figlia accumplischa quai cha la mamma am vaiva impromiss. Meis impissamaints van inavo, eu pens a meis inscunter cun Ria.

Die Geschichte begann so:
Ich schaue in ein Paar glühende schwarze Augen. Um den Mund der Anflug eines Lächelns. «Eine Magd sucht Ihr? Ich wüsste von einer, Sar Chispar.» Die Hexe! – ich wollte den Narren spielen, und die Kanaille hat mich beim Wort genommen. –
Plötzlich sind da die Augen ihrer Mutter, sie starren mich an. Vergangenes lebt auf und verbindet sich mit Begierden des Augenblicks, mit dem Glühen nach dem grössten Erlebnis, das sich wiederholt, ohne von der Zeit verzehrt zu sein.
Am Abend gehe ich heim, esse in Eile, wünsche den Meinen eine gute Nacht, schliesse mich in mein Büro ein und feiere schon im voraus den Sieg, den ich mit Leib und Seele herbeisehne. Einiges ist zu überwinden, alte Eifersüchte, in meinem Haus und im Haus des Mädchens.
Der Vater wird sich sträuben, und die Mutter – die kennt mich ja!
Ich trinke Wein, trinke immerzu, und aus dem Funken schlagen bald Flammen auf.
Gütiges Los!
Die Tochter löst das Versprechen ein, das die Mutter mir gegeben hatte. Meine Gedanken gehen zurück, zu meiner Begegnung mit Ria.

Il sulai da la saira as giovainta cun la flamma da seis chavels chi derasan ün'udur frais-cha ed amara sco la fruonzla dal dschember. Eu tir il flà in trattas chafuollas e chamin a pêr ed a pass.

La via veglia m'es bain cuntschainta. Nus giain da quioura man in man be sün pennas, perche cha'l tschisp dà a nos chaminar schlantsch ed elasticità.

Uoss'il sulai va adieu. L'utschlamainta aint il god tascha, ma milli algordanzas our dals dis da mi'infanzia dvaintan vivas.

Eu cumainz a baderlar e quintar dal temp ch'eu perchüraiva las vachas, muoss ils lös ingio chi's solaiva far posa e marenda e muoss las louas misteriusas ingio cha nus giovaivan a zoppar e rampignaivan per la grippa intuorn.

Lura tuot dvainta quiet. Lunga pezza ingün nu fa pled. Ma mincha pass para da'ns manar plü dastrusch ad ün böt vantüraivel.

Eu am sfadiesch da nu gnir our dal pass. Ün ritem liger e quiet penetra tuot meis esser ed am dà üna cuntantezza profuonda.

Die Abendsonne spielt mit dem Glanz ihres Haars, das den frischen und bitteren Duft von Arvenzweigen verbreitet. Mein Atem geht tief, meine Schritte folgen ihr.
Der alte Weg ist mir wohlbekannt. Wir gehen Hand in Hand da hinaus, wie auf Federn, denn das Gras macht unseren Gang geschmeidig und wippend.
Die Sonne geht unter. Die Vögel im Wald schweigen, und abertausend Erinnerungen aus den Kindertagen werden wach.
Ich plaudere und erzähle von der Zeit, als ich Kühe hütete, zeige die Rastplätze und die geheimen Orte, wo wir uns versteckten und in den Felsen kletterten.
Dann verstummt alles. Lange Zeit sagt keiner etwas. Doch jeder Schritt scheint uns einem glücklichen Ziel näherzuführen.
Ich bemühe mich, Schritt zu halten. Ein leichter und ruhiger Rhythmus durchdringt mich und erfüllt mich mit tiefer Zufriedenheit.

Singular! I dà sün quist muond chosas chi s'inclegian a prüma vista da sai svessa, pür plü tard cur cha tü hast temp da ponderar at stoust schmüravgliar. Inscuntrast qua üna matta per la prüma jada, hast malapaina brattà pled, ed hast fingià l'impreschiun cha vus as cugnuoschais dalönch innan. Tü fast üna spassegiada, baderlast e riast e t'inaccordschast dandettamaing cha vus as dais dal tü.

Lura, plan a plan, mincha pled es surplü, perche chi dà ün s'incleger chi ha sia parschandüda ill'orma, ed ingüna favella nu tendscha plü per s'exprimer. –

Per ün mumaint para si'orma da s'ins-chürir, e qua ch'eu tilla brancl e tegn clos in ma bratscha di eu: «Amo ün an e mez, Ria, fin là sun eu a fin cun meis stüdi.»

Merkwürdig! Es gibt auf dieser Welt Dinge, die sich von selbst verstehen; erst später, wenn du Zeit hast, darüber nachzudenken, musst du dich wundern. Begegnest einem Mädchen zum ersten Mal, hast kaum mit ihr gesprochen und schon den Eindruck, dass ihr euch seit langem kennt. Du machst einen Spaziergang, plauderst und scherzest und merkst auf einmal, dass ihr euch duzt.
Dann, allmählich, wird jedes Wort überflüssig, denn es gibt ein Verstehen, das aus der Seele kommt, und keine Sprache reicht mehr aus, um sich auszudrücken. –
Für einen Moment scheint ihre Seele sich zu verdunkeln, und wie ich sie umarme und fest an mich drücke, sage ich: «Noch anderthalb Jahre, Ria, dann habe ich mein Studium beendet.»

Dudind la danöv ha bap dat üna risada potenta, e mamma s'ha agitada: «Da quista s-chierpa gnüda nanpro! E tü, ün Rubar, at laschast trar aint! Fessast meglder da pensar a teis stüdi!»

Vater bricht bei der Neuigkeit in ein gewaltiges Lachen aus, und Mutter ereifert sich: «Von diesem dahergelaufenen Pack! Und du, ein Rubar, lässt dich einwickeln! Du würdest besser an dein Studium denken!»

Pür massa sun eu stat ün Rubar e n'ha sacrifichà tuot a mi'ambiziun.

Be ch'eu tilla vess maridada! – Il plü greiv am füss stat spargnà, perche, tuornà a chasa davo blers ans, n'ha eu inscuntrà si'imagna illa persuna da si'aigna figlia.

Nur allzusehr bin ich ein Rubar gewesen und habe alles meinem Ehrgeiz geopfert.

Hätte ich sie nur geheiratet! – Das Schwerste wäre mir erspart geblieben, denn als ich nach vielen Jahren zurückkam, habe ich ihr Ebenbild in ihrer eigenen Tochter gefunden.

La via da meis impissamaints sbocca aint il s-chür. Dandettamaing n'ha eu il sentimaint da nun esser plü sulet.

Eu fadim meis pass ch'eu, sainza dar bada, vaiva schlungunà, doz il cheu e taidl.

«Amo per via, maschel Chispar, e cun quist'ora!» Eu sun cuntaint ch'el es gnü ed eu improuv da l'intretschar in alch baderlada: «Gnand vegl passa eir la sön, sainza la spassegiada nu vaja.» Davo sias chammas nan tschiman our dal s-chür duos ögls inquiets. I guettan bod nan sün mai e lura darcheu sü per el. Uossa as ferma'l: «Üna vuolp ha traversà la via, be qua duos pass dadaint la storta.»

Eu festin a tour il chavazzin: «Üna vuolp, ha'L dit? Dalur, quai nu sarà stat duonna Maria barmöra?»

«Nus nun eschan superstizius, maschel Chispar.» L'hom ria e tira gualiv la tschinta dal revolver e dà lura sco ün tschögn a seis chan.

Quel trapligna duos pass inavant e til guarda aint ils ögls. Ed eu in prescha: «Quista Til stögl eu amo quintar, ün'istorgia chi'd es vaira, chi'd es capitada a mai svessa. Uossa ch'El taidla!»

El fa minz da's pazchantar, be il chan para da'm vulair surverer e fa ün sot agità intuorn las chammas da seis patrun.

Der Weg meiner Gedanken mündet ins Dunkle. Auf einmal habe ich das Gefühl, nicht mehr allein zu sein.
Meine Schritte werden kleiner, unmerklich waren sie grösser geworden, ich hebe meinen Kopf und horche.
«Noch unterwegs, Landammann Chispar, und bei diesem Wetter!» Ich bin erleichtert, dass er gekommen ist, und versuche, ihn in ein Gespräch zu verwickeln: «Das Alter vertreibt den Schlaf, da hat man einen Spaziergang nötig.»
Hinter seinen Beinen glühen aus dem Dunkel zwei unruhige Augen. Bald spähen sie zu mir, bald zu ihm. Jetzt steht er still: «Ein Fuchs hat den Weg überquert, da, einen Schritt nach der Biegung.»
Ich hake schnell ein: «Ein Fuchs, sagt Ihr? Herrjeh, das wird wohl nicht Frau Maria selig gewesen sein?»
«Wir sind nicht abergläubisch, Landammann Chispar.» Der Mann lacht, zieht seinen Gurt mit dem Revolver zurecht und scheint seinem Hund ein Zeichen zu geben.
Der trippelt zwei Schritte vor und schaut ihm in die Augen. Ich in Eile:
«Dies eine muss ich Euch noch erzählen, eine wahre Geschichte, mir selbst ist sie passiert. So hört mir zu.»
Er tut, als ob er sich gedulde, nur der Hund scheint mich zu übersehen und springt aufgeregt um die Beine seines Herrn.

«El cugnuoscha a Lüzza Curdin? Bun, Lüzza Curdin d'eira meis cumpagn da chatscha. Ün pa ün agen, uschigliö ün pachific, bunatsch be avuonda.» –
Il chan ha lungurella e müda d'ün cuntin posiziun.
«Üna daman passain nus aint da Suotchà per ir vi'n Val da Ruinas a chatscha. Rivats aint pro la porta da duonna Maria, es la veglia fingià davant cuort ch'ella rusligna alch e blassa e marmuogna dapersai cun sia bocca scuzza. ‹Bun di, duonna Maria, ma co, fingià sü? Spettais forsa la vuolp?› di eu riand. Schi am dà'la nan ün'ögliada chi'm fa stalivar il sang: ‹In bocca d'luf, chars!› sfrign'la da quai nosch, ‹vus eschat ün pa tard hoz per far chatscha.›»
Ed uossa quint eu darcheu l'istorgia da la vuolp da Valpiglia. E l'hom aint il s-chür taidla, ed eir il chan güzza las uraglias ed as balcha. Perche cha mia vusch vain our dal s-chür, e'l s-chür fa tuot plü misterius! «Intant giaina tschambottand pel god suot e rivain a la fin sül spi da Valpiglia sainza avair vis cua. Lüzza va ouravant da quai chap cul cheu bass. ‹Tü nu sarast superstizius, ami? O hast alch sül stöchel?›
Eu til ri oura e fetsch schnöss.
Ed uossa ch'El taidla bain.
I sunaiva mezdi vi Padval cha Lüzza dà ögl üna vuolp. Eu tilla pigl in mera e – patipum. La mostra sto avair gnü tschüf ün tun da butatsch, perche ch'ella es ida as struozchand giò d'ün valanc per svanir aint illa zuondra.»

«Ihr kennt Lüzza Curdin? Gut, Lüzza Curdin war mein Jagdkumpan. Ein eigensinniger, aber gutmütiger Kerl.» –
Der Hund ist vor langer Weile ganz unruhig geworden.
«Eines Morgens, auf dem Weg zur Jagd im Val da Ruinas, kommen wir unten an Suotchà vorbei. Wie wir am Haus von Duonna Maria ankommen, steht die Alte bereits vor der Stalltür. Unverständlich flucht sie mit ihrem zahnlosen Mund vor sich hin und kaut an etwas herum. ‹Guten Tag, Duonna Maria, schon auf? Wartet Ihr vielleicht auf den Fuchs?› meine ich lachend. Da wirft sie mir einen Blick zu, der mir das Blut in den Adern stocken lässt: ‹Weidmanns Heil, meine Lieben!› antwortet sie mit einem bösen Grinsen, ‹heute seid ihr ein wenig spät dran für die Jagd.›»
Und so erzähle ich einmal mehr die Geschichte vom Fuchs von Valpiglia. Und der Mann im Dunkel hört zu, der Hund spitzt die Ohren und verhält sich still. Denn meine Stimme kommt aus dem Dunklen, und das Dunkle macht alles geheimnisvoller! «Indessen streunen wir ziellos durch den Wald und gelangen schliesslich auf die Anhöhe von Valpiglia, ohne einer Menschenseele begegnet zu sein. Lüzza voran, ein wenig bedrückt, mit gesenktem Kopf. ‹Bist doch nicht etwa abergläubisch, Freund? Oder drückt dich etwas?›
Ich lache ihn aus und mache mich lustig.
Und nun hört gut zu.
Drüben in Padval schlug es Mittag, als Lüzza einen Fuchs erspähte. Ich nehme ihn ins Visier und – patipump. Den Kerl muss es im Bauch erwischt haben, so wie er sich einer Runse entlang bis unter die Legföhren schleppt.»

«Quai es stat il prüm e l'ultim tun cha nus vain dat quel di. E quai daiva da pensar a bun Lüzza, perche ch'el eira ferm persvas cha duonna Maria savess daplü co ün solit mortal.»
Eu m'inaccordsch cha la tensiun cumainza a ceder. L'hom fa ün movimaint malpazchaint.
Il chan til es adüna süls chalchagns.
Eu fetsch cuort: «Tuornats la saira a chasa pür ans spetta la granda surpraisa. And'Aita ans salüda malapaina e cumainza a quintar la granda danöv: ‹Pensai be›, disch'la, ‹nus vain stuvü ir a l'ospidal cun duonna Maria. I sunaiva mezdi sü Padval, cha nus baderlaivan qua davant porta, schi dà'la dandettamaing ün sbraj trid, cumainza a dschemar ed a's stordscher, as tegna il vainter cun tuots duos mans da las doluors e crouda per quai via.› Uossa staina bain avuonda, m'impais eu e dun ün'ögliada sün Lüzza chi sta là cun bocca averta a tadlar la danöv. Tuot sblach fa'l ün pass vers mai, sco sch'el vess da palesar alch important, am fixescha ün mumaint e ‹Nun ha eu dit!› disch el, e ‹buna not›, e piglia e va per seis fat.
Quai es l'istorgia.»
Bun ch'eu tilla n'ha scurznida, quista saira, perche cha l'hom cul chan fa prescha. El dà üna risadina intriada e profita da l'occasiun per dir buna not e sieuer a seis chan chi brama vers chasa.

«Das war der erste und letzte Schuss an jenem Tag. Das gab Lüzza ernsthaft zu denken, denn er war sich sicher, dass Duonna Maria mehr wisse als ein gewöhnlich Sterblicher.»
Ich spüre, dass die Spannung allmählich nachlässt. Der Mann macht eine ungeduldige Bewegung.
Der Hund ist ihm immer an den Fersen.
So fasse ich mich kurz: «Erst am Abend bei der Rückkehr erwartet uns die grosse Überraschung. Tante Aita begrüsst uns kaum und platzt mit der grossen Neuigkeit heraus: ‹Denkt nur›, sagt sie, ‹sie haben Duonna Maria ins Spital bringen müssen. Es schlug gerade Mittag in Padval, und wir plauderten hier vor der Tür, als sie plötzlich einen grässlichen Schrei ausstösst, sich windend und wimmernd mit beiden Händen den Bauch hält und vor Schmerz hinfällt.› Jetzt stecken wir aber tief drin, denke ich und werfe Lüzza einen Blick zu, der mit offenem Mund dem Bericht folgt. Ganz bleich macht er einen Schritt auf mich zu, als ob er mir etwas Aussergewöhnliches zu offenbaren hätte, schaut mich für einen Augenblick durchdringend an: ‹Hab ich es nicht gesagt!› sagt er, wünscht eine gute Nacht und verschwindet.
Das ist die Geschichte.»
Nur gut, dass ich sie an diesem Abend gekürzt habe, denn der Mann mit dem Hund ist in Eile. Verlegen lächelnd wünscht er mir eine gute Nacht und folgt seinem Hund, den es nach Hause zieht.

Uoss'è'l i e m'ha laschà sulet.
La s-chürdüm am travuonda.
Mi'inquietezza es ün fö da sainzas illa pasch da la not.
La not es ün mar sainza riva.
Eu sun ün hom naufragià sün ün mar sainza riva. –
Üna stanglantüm profuonda tardiva meis pass.
La saiv fa üna storta e's fadima.
Da la vart sura da la via es quel grippun sclavezzà cun seis cuvels e seis tschaints, cun seis s-chalins e rampigns.
Sco curuna porta'l trais larschs chi dan sumbriva als stanguels.
In dis da sulai as rampigna sül grip e's vezza lura a cuccar davo'l muot nan las prümas chasas dal cumün.
I s'es cuntaint da pudair as stender ün pa e far l'ultima posa.

Jetzt ist er weg und hat mich allein gelassen.
Die Dunkelheit verschluckt mich.
Meine Unruhe ist ein gespenstisches Feuer im nächtlichen Frieden.
Die Nacht ist ein Meer ohne Ufer. –
Ein Schiffbrüchiger bin ich, auf einem Meer ohne Ufer.
Eine tiefe Müdigkeit beschwert meinen Schritt.
Der Zaun macht eine Kurve und verliert sich.
Am oberen Wegrand jener abgerissene Felsblock mit seinen Höhlen und Vorsprüngen, mit seinen Tritten und Schrunden.
Als Krone trägt er drei Lärchen, die dem Müden Schatten spenden.
An sonnigen Tagen klettern wir auf den Felsen und sehen die ersten Häuser, die hinter dem Hügel am Dorfrand hervorgucken.
Man ist erleichtert, sich ein wenig ausstrecken zu können und die letzte Rast zu machen.

Hoz es la not sainza sumbrivas.

Il grip sta greiv e s-chür sur la via, e suotaint suosda il cuvel.

Eu zoppigliai speravia, turmantà d'ün greiv dischöl.

Mia memoria es üna pergiamina schmarida. I mancan pleds, i mancan lingias, i mancan fögls:

Ün hom stuorn dà da la bratscha. Marionetta ridicula! Ils fils tiran las chammas in crusch ed in traviers. Il schluppet til es sglischi giò da la spadla e serva da pozza.

Ils chavels bletschs, spennats tachan vi dal frunt.

Our dals ögls püffa il schnuizi.

El va dand uondas – s'inchambuorgia e svoula vi aint pel grip.

El til brancla e's tegna landervia.

Mo'l grippun ceda, as sdrena sur el aint e cumainza a far la cupicha.

Ed uossa, tuot va intuorn.

In ün bal gigantesc roudlan hom e grip tras la not, accumpagnats dal schuschurar e scruoschir dals larschs.

Heute hat die Nacht keine Schatten.

Der Felsen steht schwer und dunkel über der Strasse, unten gähnt die Höhle.

Ich hinke daran vorbei, von einem schweren Albtraum geplagt.

Meine Erinnerung ist ein verblichenes Pergament. Die Worte fehlen, die Linien fehlen, die Blätter fehlen:

Ein Betrunkener, der mit den Armen rudert. Lächerliche Marionette! Die Fäden ziehen die Beine kreuz und quer. Das Gewehr ist ihm von der Schulter gerutscht und dient als Stütze.

Das nasse Haar klebt ihm wirr in der Stirn.

Aus den Augen ragt das Grauen.

Er torkelt – strauchelt und schlägt an den Felsen.

Er umarmt ihn und klammert sich daran.

Aber der Riesenfels löst sich, neigt sich über ihn und setzt sich in Bewegung.

Alles dreht sich jetzt.

In einem fürchterlichen Tanz rollen Mann und Fels durch die Nacht, das Rauschen und Knarren der Lärchen begleitet sie.

El doda vuschs.
La trais-cha va a fin.
Il grip as lova a seis post.
L'hom es salvà.
Las süjuors fraidas til van giò per la rain.
Inchün largia il scuffel.
El lascha pender la gianoscha, boffa, sbava e püffa vi aint pel cuvel.
Il cuvel es üna bocca scuzza chi sfrigna.
Il cuvel tschantscha:
«Vè suotaint, i darach'a tschêl ruot.»
Dua pêra ögls tschüttan our dal s-chür.
Eu dod co cha ma lengua cumainz'a sfarfuogliar.
Ella sgiandafla e baja.
Ma lengua es schliada e pota cot e malcot.
Tschels taschan.
I fan ögls sco coppalas.
Lengua infama am tradischa!
Spetta ch'eu at vögl taschantar.
Eu dun man il schluppet e pigl e vegn e mütsch da canderoura, masürand la via dal mür a la saiv, vi e nan, sü e giò in ziczac.
L'infama nu tascha.
Eu am ferm, am tegn vi d'ün pöst e tscherch la clocha dal vinars – mo l'es vöda.
Vè tü a chasa ch'eu at bavraint infin cha tü taschast chamön.

Er hört Stimmen.
Der Tanz geht zu Ende.
Der Felsen zieht sich zurück an seinen Platz.
Der Mann ist gerettet.
Kalter Schweiss läuft ihm den Rücken hinunter.
Ein dröhnendes Lachen.
Seine Mundwinkel fallen. Er keucht und geifert und starrt hinüber in die Höhle.
Die Höhle ist ein zahnloser und grinsender Mund.
Die Höhle spricht:
«Steh unter, es giesst aus offenem Himmel.»
Zwei Augenpaare starren aus dem Dunkel.
Ich merke, dass meine Zunge lallt.
Sie bricht in ein dummes Lachen aus und fällt ins Plappern.
Meine Zunge ist haltlos und redet wirres Zeug.
Die andern schweigen.
Sie machen Augen wie Pflugräder.
Die infame Zunge ist meine Verräterin!
Warte nur, dir will ich das Maul stopfen.
Das Gewehr in der Hand stürze ich hinaus, den Weg an der Mauer und dem Zaun bemessend, hin und her, auf und ab, im Zickzack.
Die Infame schweigt nicht.
Ich warte, halte mich an einem Pfosten, um die Schnapsflasche zu suchen – doch sie ist leer.
Komm heim, ich werde dir zu trinken geben, bis du schweigst.

Eu saint vi dal bat da meis cour cha la tensiun in mai crescha.
Sömmi e realtà as cunfuondan.
Meis cour as tira insembel.
Meis cour schloppa.
Ün sfrach! – tac –
Sainza vulair n'haja dat man ün pöst e'm tegn landervia, sco scha quel füss meis ultim salvamaint.
Ill'anguoscha ha meis man dret dozà la crotscha e ramanà ün sfrach giò per la latta cha'l bratsch m'ha dat üna stremblida infin aintasom l'ossa. Uschè as scurrainta fantoms – ün sfrach cun la crotscha, e davent suna. Co cha quai ha strasunà aint il s-chür – tac – da quai sech, sco'l tun d'ün schluppet.
Eu sun tschunc. –
Meis mans tremblan.
Eu stögl trar flà, almain ün mumaint.

Am Herzschlag spüre ich, wie die Spannung wächst.
Traum und Wirklichkeit vermengen sich.
Mein Herz zieht sich zusammen.
Mein Herz zerspringt.
Ein Knall! – tak –
Unwillentlich habe ich einen Pfahl ergriffen und klammere mich daran, als ob er meine letzte Rettung wäre.
In der Angst hebt meine Rechte den Stock, versetzt der Latte einen Hieb, der Schlag geht mir durch Mark und Bein.
So verscheucht man Phantome – ein Hieb mit dem Stock, und weg sind sie. Wie das widerhallte, im Dunkel – tak –, trocken wie ein Gewehrschuss.
Ich bin gebrochen. –
Meine Hände zittern.
Ich muss Atem holen, wenigstens einen Augenblick.

Vuschs e rumuors dal passà dan santur.
I dà suns ch'eu vuless sbandir per adüna.
Mo i dà eir oters.
Quels vegnan da dalöntsch – sco clams d'agüd. Eu vez ün puobet oura in vamporta, co ch'el as giovainta sül banc.
Intuorn el sgiazzinan las giallinas, sflatschan las alas e spuolvran ils razs dal sulai.
Vamporta dal tschêl.
Ün kikerikiki majestus am sdruaglia our da meis sömmis.
Il kikerun dal vaschin es gnü nan a plazzin.
Cun che dischanza ch'el as demaina intuorn nossas pigliattas – sco scha nüglia nu füss.
A s'impissar cha nossas famiglias sun maldaperüna.
Be tschel di am vaiva bap admoni: «Cha tü nu'm zappast plü aint da quellas portas!»
Ed uossa tschellas cagiò in plain'armonia.
Meis sang buoglia.
Indegnà dun eu man ün crap, mer, tir e – tac. Tè, toc canaglia!
Il kiker fa üna pierlada e resta sturni, cun las chammas per ajer.
Che cuolp!
Eu sun surprais.
Mo m'impissand a las consequenzas am fetsch eu svelt our da la puolvra.

Antworten von Stimmen und Geräuschen der Vergangenheit.
Es gibt Töne, die ich für immer verbannen möchte.
Aber es gibt auch andere.
Jene kommen von weither – wie Hilferufe. Ich sehe ein Büblein vor dem Haus, es spielt auf der Bank.
Um es herum scharren Hühner, schlagen mit den Flügeln und bestäuben die Sonnenstrahlen.
Pforte des Himmels.
Ein majestätisches Kikeriki weckt mich aus meinen Träumen.
Der grosse Hahn des Nachbarn ist auf einen Sprung herübergekommen.
Aufgeplustert stolziert er um unsere Junghennen – als ob nichts geschehen wäre.
Wenn man bedenkt, wie schlecht es zwischen unseren beiden Familien steht.
«Du machst mir keinen Schritt mehr über jene Schwelle!» hat mir mein Vater kürzlich wieder eingeschärft.
Und nun diese Harmonie bei denen da unten.
Blinde Wut packt mich.
Ein Stein, ich ziele und – tak – treffe den Lump mit dem ersten Wurf!
Der Hahn purzelt und bleibt benommen liegen, die Füsse in der Luft.
Ein Volltreffer.
Zu meiner Überraschung!
Der Gedanke an die Folgen treibt mich jedoch schnell in die Flucht.

In früda mütsch eu giò'n cuort e'm zop laint tanter charra e charrels.

Là spet eu a gnir la catastrofa, naschüd'our da la discordia tanter vaschins e'l leivsen dal pullam.

Eu spet e spet e resaint per la prüma jada la profuonda tragica da tuotta güstia umana.

I'm vain la crida, na forsa per temma, plüchöntsch our da rabgia – ma poss'il luf as portar, kikers e pigliattas!

Da cour'aint as doda darcheu cocargöz.

In mias uraglias tuna da quai debel e malsgür, sco la vusch dal kiker coppà.

Quai am dà üna fichad'aint il cour.

Da tuottas sorts impissamaints am van tras il cheu.

Eu dod spierts!

Il kiker coppà chant'inavant: kikerikiki.

El chanta adüna plü ferm.

Ün chant da lod.

Duos sbalzs, ed eu sun our'in vancuort.

Sun eu tschiorbà?

Il gial es resüstà e fa ün sot d'omagi intuorn sa prediletta, sflatscha las alas e lascha strasunar ün kikeriki d'algrezcha sü vers il tschêl blau chi straglüscha da randulinas.

E darcheu d'eira il vamporta be sulai e plain d'impromischiuns.

Hinter Wagen und Karren, unten im Vorstall, finde ich ein Versteck.

Dort soll mich die Katastrophe einholen, Frucht der Zwietracht unter Nachbarn und leichtsinnigem Federvieh.

In Erwartung des Schrecklichen spüre ich zum ersten Mal die tiefe Tragik menschlicher Gerechtigkeit.

Mir ist zum Heulen, aus Wut mehr als aus Angst – zum Teufel mit den Hähnen und Hennen dieser Welt!

Von draussen dringt das Gegacker wieder herein.

Mir scheint, als hörte ich auch den schwachen, stockenden Schrei des getroffenen Hahns.

Ein Stich geht mir durchs Herz.

Allerhand Gedanken wirbeln in meinem Kopf.

Ich höre Geisterstimmen!

Der tote Hahn kräht immer noch sein Kikeriki.

Er kräht immer lauter.

Ein Lobgesang.

In zwei Sätzen bin ich beim Hofeingang.

Bin ich geblendet?

Der Hahn ist auferstanden und tanzt balzend um seine Auserwählte, schlägt mit den Flügeln und lässt sein strahlendes Kikeriki ertönen, ins leuchtende Blau zu den Schwalben hoch oben.

Der Hauseingang ist wieder erfüllt von Sonnenschein und hoffnungsvollem Versprechen.

Bap ha plü tard fat our da nos vamporta üna terrazza. Il portun brün ha fat plazza a l'üsch d'ustaria, perche cha quella rendaiva plü bain co prada e chomps.

E lura es gnü landervia il piertan, ed insembel cul piertan es morta nossa veglia chasa da paur.

Cur cha'ls müraders han fat sbodar il mür tanter l'üsch da chadafö e la bocca d'pigna es gnüd'oura tanter crappa e chaltschina la mumia d'ün giat.

Ün fantom cun ün fol brün-cotschnaint, sechantà dals tschientiners.

Ün spiert petrifichà – la bocca averta e'l gnif cun l'impronta d'ün sbraj. –

La lavur stà salda.

Ingün nu fa pled.

Bap dà lura üna risada, va per la clocha dal vinars e fa impringias culs lavuraints. Fin saira è'l sten leger.

El masina sias chammas da quai curius aint d'ustaria ed oura, intant ch'aint in stüva mamma as terdscha las larmas.

Pel mattet, üna scena innozainta.

La realtà es gnüda a glüm pür plü tard.

Später hat Vater aus dem Hofeingang eine Terrasse gemacht. Das grosse braune Haustor ist dem Eingang des Gasthofs gewichen. Das Gastgewerbe warf mehr ab als Wiesen und Felder.

Dann verschwand der Hausflur, und damit war das Ende unseres alten Bauernhauses besiegelt.

Als die Maurer die Wand zwischen der Küche und dem Stubenofen niederrissen, fiel zwischen Schutt und Kalk die Mumie einer Katze heraus.

Ein Phantom mit braun-rötlichem Fell, ausgemergelt von den Jahrhunderten.

Ein versteinerter Geist – das aufgerissene Maul in einem Schrei erstarrt. –

Die Arbeit wird unterbrochen.

Keiner sagt etwas.

Vater bricht in ein Gelächter aus, holt die Schnapsflasche und stösst mit den Arbeitern an. Am Abend ist er betrunken.

Merkwürdig lenkt er seine Beine in die Gaststube hinein und wieder heraus; drinnen wischt sich Mutter die Tränen ab.

Für den Kleinen nichts Besonderes.

Die Wahrheit sollte erst später an den Tag kommen.

Mo'l giat cotschen as palainta amo adüna.
Eu til inscuntr saira per saira.
Sül far not traversa'l la via e sparisch'aint il s-chür d'üna charna.
Dadour cumün til vez eu süls rövens.
E cur ch'eu am ferm aint il s-chür, am struscha'l intuorn mias chammas e fila.
Eu tegn il cheu davo giò.
Eu dod co ch'el güzza sas griflas sü per ün pöst.
Eu saint co ch'el raiva e rampigna planin sü per mai, co ch'el stend'il culöz ed improuva da'm verer in fatscha.
Tras las pletschas da meis ögls fosforisesch'üna glüsch inquieta.
Eu tils riv, tils spalanc.
Eu sun stut.
Üna staila spersa vi dal tschêl impizza mia vezzüda.
I rafüda da plover.

Die rote Katze geistert immer noch herum.
Ich begegne ihr jeden Abend.
Beim Einnachten überquert sie die Strasse und verschwindet im Dunkel des Bretterverschlags vor einem Gässchen.
Vor dem Dorf treffe ich sie an den Hängen.
Bleibe ich im Dunkel stehen, dann streicht sie schnurrend um meine Beine.
Ich recke meinen Kopf, lausche.
Ich höre, wie sie ihre Krallen an einem Pfosten wetzt.
Ich spüre, wie sie langsam an mir emporklettert, wie sie ihren Hals streckt und versucht, mir in die Augen zu schauen.
Ein unruhiges phosphoreszierendes Licht dringt durch meine Augenlider.
Ich öffne sie weit.
Ich bin baff.
Ein vereinzelter Stern am Himmel zündet mein Sehen wieder an.
Es regnet nicht mehr.

Las chosas intuorn mai stan sü our dal s-chür e's dan plan a plan da cugnuoscher, vegls cuntschaints chi'm vegnan incunter.

La crotscha va darcheu seis tact cadenzà e quiet, e'l pè e l'ögl sieuan.

Quai es la via ch'eu tuorn e tuorn a tuornar.

Tuot tuorn'inavo e dapertuot inscuntrast a tai svess.

Um mich herum erheben sich alte Bekannte, kommen auf mich zu und geben sich mir im Dunkel zu erkennen.
Der Stock ist wieder in seinen ruhigen Takt gefallen, Blick und Gang folgen.
Das ist der Weg, den ich immer und immer wieder abschreiten muss.
Alles kommt zurück, und überall begegnet man sich selbst.

Bap es mort ch'eu vaiva 22 ans.

El ha relaschà ün surleivg a tuots duos, a mamma ed a mai. Hai, ün surleivg, quant trist chi'd es da stuvair dir. Illa stuorna savaiva'l esser brutal, schi dafatta privlus.

A mai ha bap dat in giodia la granda said dals Rubars.

I dischan cha quai cha nus nomnain vizi saja in fuond malatia. Chi saja sco chi vöglia, eu sun advocat e na meidi.

Mo eu cugnuosch quella said insaziabla chi implischa il magöl davoman ch'eu til svöd.

Eu cugnuosch quell'arsaja chi riva bavuns vers ün muond magic, liber da convenziun e retgnentschas, chi'm dà la dischanza d'aventürier e la sfruntadezza da rier sur da tuot mia miseria e da giodair il mumaint.

Mein Vater starb, als ich zweiundzwanzig war.

Als Erbe hinterliess er meiner Mutter und mir Erleichterung.

Traurig, es sagen zu müssen. Die Trunksucht hatte ihn brutal und gefährlich gemacht.

Mir hat der Vater den unstillbaren Durst der Rubars überlassen.

Was wir als Laster bezeichnen, erscheint andern als Krankheit. Wie dem auch sei, ich bin Anwalt und nicht Arzt.

Den Durst, der jedes leere Glas wieder nachfüllen lässt, kenn ich gut in mir.

Die Begierde, die den Zugang in eine magische Welt – frei von Zwang und Hemmungen – öffnet und die mir den Übermut des Abenteurers verleiht und mich über mein Elend lachen und den Augenblick geniessen lässt.

Eu dod co cha la matta travascha per chasa intuorn –
ün pass svelt e liger chi pulsescha da vita.
Eu stun quiet da ma vart.
Coura sün via srantuna ün char.
La chasa es mort'oura, la duonna our d'cumün e la vantüra clocca sün porta.
Eu dod il bat da meis cour.
Meis man tegna la clocha ed implischa da red il magöl.
Il vin es cotschen sco'l sang.
Ils razs dal sulai til impizzan.
Il vin tschüffa fö.
La maisa cumainza ad arder.
Eu sagl sü da la sopcha e vegn in piertan.
Inchün va planin, cun pass tardivand sü da s-chala.
Eu sieu duos s-chalins, am ferm, tuorn inavo e ser svelt la porta.
Casü va ün üsch.
La s-chala tendscha sün tschêl.
Eu vegn in prescha da quasü, chatschà da la schmagna.
Mo l'üsch es serrà.
Eu cloc planin duos jadas.
Eu spet.
Ingün nu dà suda.
Eu cloc, clam, rouv e fetsch lusingias.
Mo l'üsch nun as riva.
I'm buoglia il sang.

Das Mädchen hantiert im Haus; ich höre seinen leichten und behenden Schritt.
Ich verhalte mich ruhig an meinem Platz.
Draussen, auf der Strasse, das Rumpeln eines Karrens.
Das Haus scheint ausgestorben, die Frau hat das Dorf verlassen, das Glück klopft an die Tür.
Ich höre meinen Herzschlag.
Meine Hand umklammert die Flasche, im Nu ist das leere Glas wieder voll.
Der Wein ist rot wie Blut.
Die Sonnenstrahlen entfachen ihn.
Der Wein fängt Feuer.
Der Tisch beginnt zu brennen.
Schon bin ich aufgesprungen und im Hausflur draussen.
Ein leiser und zögernder Schritt oben auf der Treppe.
Ich folge, nach zwei Stufen halte ich an, kehre zurück und schliesse hastig die Tür.
Oben das Knarren einer Tür.
Die Treppe führt zum Himmel.
Die Begierde drängt mich hinauf.
Aber die Tür ist zu.
Sachte klopfe ich zweimal.
Und warte.
Nichts regt sich.
All mein Klopfen, Rufen, Bitten und Schmeicheln vermag die Tür nicht zu öffnen.
In mir bebt alles.

A la fin, tampriv o tardiv, tuot madüra.
Sün la vouta ch'eu dun, dod eu a stordscher la clav.
Eu dun man la nadiglia, e l'üsch ceda.
Cur cha las portas cedan ans chattaina ün a tschel.
Lura fa l'amur our da minchün ün sguazzader.
Dar e tour van daperüna.
L'abundanza va sura.
Be las uras chalan.
Dandettamaing doz'la il cheu e taidla e disch:
«I plouva, i plouv'a tschêl ruot.»
L'as fa libra, sta sü e tira la tenda. Che surpraisa!
Il sulai dà nan aint da fanestra.
Eu cuntaimpl la matta e dod inavant quel lam schuschurar d'üna plövgia choda chi rinfrais-cha e fa resüstar.
E quai as repeta amo üna otra jada plü tard: «I plouva, i plouv'a tschêl ruot,» disch'la, as fa libra e sta sü.
Mo tratta la tenda, glüschivan las stailas vi al tschêl e la cuttüra d'eira cuverta da naiv.

Zuletzt, früher oder später, kommt alles zur Reife.
Ich will schon aufgeben, da dreht sich der Schlüssel im Schloss.
Ich drücke die Klinke nieder, die Tür gibt nach.
Durch offene Türen findet man sich.
Liebe macht aus jedem einen Verschwender.
Geben und Nehmen werden eins.
Der Überfluss birst.
Nur die Stunden werden kürzer.
Plötzlich hebt sie ihren Kopf, lauscht und sagt:
«Es regnet in Strömen.»
Sie macht sich los, steht auf, zieht den Vorhang. Was für eine Überraschung!
Sonnenlicht durchflutet den Raum.
Wie ich das Mädchen betrachte, hält in mir das weiche Rauschen von erfrischendem Regen an.
Später wiederholt es sich: «Es regnet, es regnet in Strömen», sie macht sich los, steht auf.
Diesmal gibt der Vorhang den Blick auf einen bestirnten Himmel über verschneiten Feldern frei.

E lura ün bel di vain'la a'm sculozzar cun la nouva – ün an e mez avant las elecziuns.

Eu schmaladisch l'ura, eu schmaladisch il vin e las femnas.

Eu s-chivisch il schgniclöz, am ser aint e'm bavraint ill'anguoscha d'avair ruinà ma carriera.

Ils dis passan via in pissers e fastidis.

La matta ha impromiss da taschair perintant e spettar, ant co discuorrer culs seis.

Mo ma veglia ha fingià s'inaccorta dad alch. Be suspets as ferm'la davant üsch a tadlar, spiuna e guetta intuorn e'm fa scenas.

Pac m'importa!

Gnanc'ün uffant nun è'la statta buna da metter sül muond, id ha vuglü la fantschella.

Ed uossa, la chosa nu's lascha müdar.

I's tratta da far il meglder landroura, in prüma lingia sgürar a mai svessa.

Eu discuor cun la matta e tscherch da tilla balchar: «Tü stoust m'incleger, mia posiziun nu permetta cha l'istorgia gnia a glüm.

Per l'uffant saraja pisserà, ed eir tü nu varast bricha da plandscher .

Ma ün sacrifizi tocc'eir a tai da portar, a bön da tuots duos.»

Schi fa'la darcheu da's dar via, crida, scuffuonda e sbraja: «Il Tirolais nu marida, avant am bütt'aint ill'aua.»

Dann, eines schönen Tages, kommt sie mit der Nachricht – und das anderthalb Jahre vor den Wahlen.
Verfluchte Stunde, verflucht der Wein und die Weiber.
Dem Geheul entfliehe ich, schliesse mich ein und ersäufe mich in der Angst um meine gefährdete Karriere.

Die Tage verstreichen in Mühsal und Sorge.
Das Mädchen hat mir versprochen, vorläufig zu schweigen und zu warten, bevor sie mit ihrer Familie spricht.
Aber die Alte muss etwas gemerkt haben. Voller Argwohn lauert sie an der Tür, spioniert herum und macht mir Szenen.
Was soll's!
Sie hat es nicht einmal geschafft, ein Kind auf die Welt zu stellen, die Magd musste dafür herhalten.
Nun lässt sich die Sache nicht mehr ändern.
Es heisst, das Beste daraus zu machen, und vor allem mich selbst abzusichern.
Ich versuche, das Mädchen zu beruhigen: «Du musst mich verstehen, in meiner Stellung darf die Geschichte nicht ans Licht kommen.
Für das Kind soll gesorgt sein, auch du wirst dich nicht zu beklagen haben.
Aber du wirst ein Opfer bringen müssen, für unser beider Wohl.»
Da spielt sie wieder die Verrückte, schluchzt und schreit: «Den Tiroler heirate ich nie, vorher gehe ich ins Wasser.»

Puchà, quist schani tilla vess tutta cun bratscha averta e la fatschenda füss statta evasa.

Impè n'haja stü tour otras masüras.

Ma'l tamberl m'es listess gnü dret.

Eu til clam sün büro.

Tü Segner che scena!

Sch'eu m'impais landervia am vain il scuffel.

Apaina aint dad üsch til duna il cop:

«Teis bun ami, l'Ungarais, es in foura.»

Che inspiamaint!

Povret vain sblach e fa ün pêr ögls sco coppalas.

Eu stögl rier.

L'Ungarais d'eira parti avant alch dis per l'America – ün fügitiv innozaint chi vaiva quaint parantella.

Persvas d'avair il dret chavazzin cuntinuesch eu davo üna pezza:

«Arrestà al cunfin!»

«Arr-està?»

Schmort sco ch'el es, ha'l fadia a gnir oura culs pleds.

Eu dun amo ün stumpel:

«Intretschà in ün cas da spiunascha. Che voust, temps da guerra!

Ils terms sun schlovats, sainza savair as poja far ün fos pass.»

Eu spet ün mumaint. –

«Eu nu poss crajer», disch el suot vusch.

Schade, der Kerl hätte sie mit offenen Armen genommen, und das Ganze wäre erledigt gewesen.
So musste ich zu anderen Mitteln greifen.
Der Trottel kam mir trotzdem gelegen.
Ich lasse ihn zu mir ins Büro kommen.
Mein Gott, was für ein Auftritt!
Beim blossen Gedanken daran muss ich grinsen.
Den Schlag versetze ich ihm, wie er kaum in der Tür steht:
«Dein Spezi, der Ungar, sitzt.»
Der Gedanke war raffiniert!
Der Arme wird bleich, reisst die Augen weit auf.
Ich muss lachen.
Der Ungar war vor einigen Tagen nach Amerika abgereist – es war ein harmloser Flüchtling, der drüben Verwandte hatte.
Ich hatte an der richtigen Stelle angesetzt und fuhr nach einer Weile fort:
«An der Grenze gefasst.»
«Ge-fasst?»
Stottert er verdutzt.
Ich dopple noch nach:
«In einen Spionagefall verwickelt. Du weisst, in Kriegszeiten!
Da gelten andere Gesetze, da ist ein Fehltritt schnell passiert.»
Ich warte einen Augenblick.
«Ich kann es nicht fassen», sagt er tonlos.

Eu guard aint per ün pêr ögls be anguoscha e tend amo ün zich il balaister:

«La pulizia tschercha uossa ils cumplizis.»

E lura:

«Ün vaira utschè, teis ami!»

Schi fa'l üna tschera chi's tschüffa bod temma, cumainza a dar da la bratscha, sbragir e cridar, e sfarfuoglia tuot tanteraint chi nu's inclegia ün pled.

Ich blicke in angsterfüllte Augen, der Bogen muss nur noch wenig gespannt werden:
«Die Polizei sucht nach Komplizen.»
Und:
«Ein heiterer Vogel, dein Freund!»
Da verzieht sich sein Gesicht, dass einem graut, und er gestikuliert mit den Armen, schreit, weint und faselt unverständliches Zeug.

Eu fetsch finta d'esser surprais:

«Teis far m'inquieta, eu speresch be cha tü nun hajast eir amo laint ils mans.

Perche cha tü sco ami da l'achüsà gnarast faquint interrogà, lura esa bun scha ta conscienza es netta.»

«Eu sun innozaint, sar patrun, eu sun innozaint,» sbraja'l e stenda traia dainta in ot, «eu poss gürar, cun spiunascha nun ha eu mâ gnü dachefar ed amo bler main cun pulizia; ch'El am güda sar patrun, eu Al rouv, ch'El am güda!»

«Eu incleg tia temma, quels process as tiran a l'inlunga, e suvent resta eir l'innozaint cun ün pè aint illa trapla.

Eu nu sa scha tü nu fessast meglder da far fagot ed ir a temp per teis fat, ant chi't serran sü quel bavun.

O che crajast?

I va in prüma lingia per teis bön.

Stübgia ün pa!

Decider stoust svessa.»

Dit e fat, duos dis plü tard ha'l tut cumgià a la scuzza ed es passà sur il cunfin.

Ich gebe mich erstaunt:
«Dein Verhalten gibt mir zu denken, wirst doch hoffentlich nicht darin verstrickt sein.
Dich wird man wohl einvernehmen, als seinen Freund, da ist ein reines Gewissen wohl ratsam.»
«Ich bin unschuldig, Herr Meister, unschuldig», schreit er und streckt drei Finger in die Höhe, «ich schwöre, dass ich weder mit Spionage noch mit der Polizei je etwas zu tun hatte. Helfen Sie mir, Herr Meister, Sie müssen mir helfen!»
«Ich verstehe deine Angst, solche Untersuchungen ziehen sich in die Länge, nicht selten bleiben auch Unschuldige darin hängen.
Vielleicht ist es sogar besser, wenn du dich rechtzeitig aus dem Staub machst.
Was meinst du dazu?
Es geht ja vor allem um dein Wohl.
Denk darüber nach.
Entscheiden musst du allein.»

Zwei Tage später verschwand er heimlich über die Grenze.

La saira a l'ustaria d'eirna be buonder da savair il perche.
«Vus gnarat bainbod a savair», n'ha eu dit e schmachà l'ögl sü pel vaschin, lura til scuttà ill'uraglia:
«Quist schlabaccar ha fat plain la fantschella ed es i per seis fat.»

Abends am Stammtisch wollten alle wissen, warum.
«Ihr werdet es noch früh genug erfahren», meinte ich mit einem Augenzwinkern und flüsterte dem Tischnachbarn zu: «Dieser Halunke hat die Magd geschwängert und sich auf und davon gemacht.»

Cun quai n'ha eu cret d'avair fat la ruotta e d'avair via libra. Impè am vain a traviers tschel schumar e'm voul far chamma murella.

Eu pigl incunter imbüttamaints ed ingiurias ed improuv da til balchar.

Ma invan!

Plüchöntsch fess el dan a sa figlia co cuir il bön eir a mai.

Eu sondesch e prouv, sch'el as laschess forsa uondscher e'm decler pront da'l ceder la «Quadra», ün bel prà chi cunfina cun seis bain arrundi.

Tuot es per nüglia. El m'imnatscha e'm schnomna: ruffian, pitaner.

«Maglia la put scha tü till'hast cundida», am sbraja'l incunter be tössi.

Damit schien der Weg vor mir wieder frei.
Wenn mir nicht dieser Lump in die Quere gekommen wäre und das Bein stellen wollte.
Ich werde von Vorwürfen und Beschimpfungen überschüttet und versuche ihn zu besänftigen.
Umsonst!
Hätte wohl eher seiner Tochter geschadet als mich in Ruhe zu lassen.
Ich winde mich und taste ab, ob er sich allenfalls einseifen liesse, erkläre mich bereit, ihm das schöne Grundstück «Quadra», das an sein Land angrenzt, abzutreten.
Alles umsonst. Er droht mir, nennt mich einen Zuhälter und Hurenbock.
«Nun kannst du auslöffeln, was du dir eingebrockt hast», spuckt er mir voller Galle ins Gesicht.

Ün ramplunöz suord sdruaglia il viandan. Eu guet intuorn e m'inaccordsch ch'eu am rechat sün la punt da Valmains. Sü dal chafuol vain incunter il schuschurar dal flüm. Meis pass rebomba süls tapuns da larsch – ün pass stanguel e schogn. Ed eu dombr dapermai in tact: ün – duos; ün – duos. Sco da puob! Tanteraint vain il cloc da la crotscha: ün – duos – e trais.

Da puob daiva quai, uzlantà dals buogls suotvart, üna spivida suravia. E'ls buogls s-chimaivan e sprinzlaivan davo l'aua fin sü sur la punt aint. Ün – duos – e trais; – ün – duos – e … darcheu terra suot ils peis. La glera stuna e sgrizcha. Eu m'inchambuorg e vegn our dal tact.
Eu am ferm.

Der Wanderer wird von einem dumpfen Rumpeln aufgeschreckt. Ich spähe umher und merke, dass ich auf der Brücke von Valmains stehe. Aus der Tiefe das Rauschen des Flusses. Mein Schritt widerhallt auf der Lärchenbrücke – müd und schleppend. Ich zähle im Takt vor mich hin: eins – zwei, eins – zwei. Genau wie als Bub! Dazwischen das Aufsetzen des Stocks: eins – zwei – und drei.

Als Bub habe ich die Brücke in wilden Sprüngen überquert, angestachelt von den Wasserstrudeln in der Tiefe. Die Wasserstrudel schäumten und spritzten Wasser hinauf bis über die Brücke, damals. Eins – zwei – und drei – eins – zwei – … – nun ist wieder fester Grund unter den Füssen. Der Schotter knirscht. Ich strauchle und falle aus dem Takt. Ich halte ein.

Meis cour rafüda da batter.
Our dal s-chür am tschüttan fantoms.
Mias algordanzas sun lenguas da fö illa spessüra dal god.
Sch'eu tillas stendschaint in ün lö, sflamgian ellas sü in ün oter, e tuot es viv e preschaint.
Eu sun ün chatschader chatschà da las furias.
Eu am dost e cumbat.
Eu examinesch tuot amo üna jada minuziusamaing aint il cler da meis san inclet: La not avant la disgrazcha nu vaiv'eu cludi ögl.
S-chartatschà da l'ira e dal spiert da vendetta nu d'eira eu stat bun da chattar üna soluziun.

Mein Herz bleibt stehen.
Gespenster starren mir aus dem Dunkel entgegen.
Meine Erinnerungen gleichen feurigen Zungen im Dickicht des Waldes. Ersticke ich sie an einem Ort, lodern sie anderswo wieder auf, alles ist lebend und gegenwärtig.
Ich bin ein Jäger, von den Furien gejagt.
Ich setze mich zur Wehr und kämpfe.
Ich betrachte das Ganze noch einmal genaustens und in Ruhe: In der Nacht vor dem Unglück hatte ich kein Auge zugemacht.
Hass und Rachsucht hatten mich völlig zerrissen, liessen mich keine Lösung finden.

Che sconfitta i'l mumaint cha'l parti am vulaiva portar!
Tuottas prouvas da persvader il vegl d'eiran stattas invanas.
El vaiva uossa in man da's svindichar e ruinar ma carriera.
E quai tuot our da veglias schigliusias e pervia da sconfittas persunalas.
«Scarogner, schlabaccar, bavader, lumbardun!»
Eu n'ha amo hoz illas uraglias quel sbragizi.
A dret ed a schnestra as drivan fanestras.
Sco ün lader perseguità schmütsch eu sü da la giassa e'm salv aint da porta.
Il flà nu'm vain sü.
Eu trembl da la rabgia.
«Sco quista am squintast!»
Eu am tschaint.
Eu stübg e fetsch chalenders tuotta not.
Eu fixesch la butiglia chi sta davant mai, e meis man giova d'incuntin cul magöl, til stordscha intuorn, til doza e svöda e til implischa darcheu.
Che as cua tuot oura in simils mumaints!

Was für eine Niederlage, gerade damals, als die Partei mich portieren wollte!
Jeder Versuch, den Alten umzustimmen, war vergebens. Er hatte es jetzt in der Hand, konnte sich rächen und meine Karriere ruinieren. Und das alles wegen alter Eifersüchte und persönlicher Niederlagen.
«Schuft, Halunk, Säufer, Lump!»
Das Geschrei ist mir noch heute in den Ohren.
Rechts und links werden Fenster geöffnet.
Wie ein verfolgter Dieb fliehe ich die Gasse hinauf und rette mich hinter die Tür.
Ich ringe nach Luft.
Ich bebe vor Wut.
«Das wirst du mir büssen!»
Ich setze mich.
Studiere hin und her und zerbreche mir die ganze Nacht über den Kopf.
Ich starre auf die Flasche vor mir, meine Hand spielt die ganze Zeit über mit dem Glas, dreht es, hebt es, füllt es.
Was brütet man in solchen Augenblicken nicht alles aus!

Lönch ant chi chatscha l'alba dun eu man il schluppet e bandun il cumün cun quella d'ir a chatscha.

Eu pigl üna via insolita.

Davo duos uras d'chamin pass eu sur il cuolmen e fetsch lura il gir intuorn il Piz Tschütta.

Per ün quart d'ura travers eu territori austriac e tuorn güsta cha'l sulai va sü our da Val Torta.

Aintasom, dastrusch al cunfin, tscherch eu ün zop ed am ferm. Üna forz'estra inexplichabla am maina. Eu fetsch tuot mecanicamaing, sco ün chi va in ravaschia. Las chosas urtan sco in ün sömmi. Ün presentimaint tillas annunzcha, ed ellas sun qua.

Lange vor dem Morgengrauen nehme ich das Gewehr zur Hand und lasse das Dorf hinter mir, um auf die Jagd zu gehen.
Ich schlage einen ungewohnten Weg ein.
Nach zwei Stunden Marsch überquere ich das Bergjoch und gehe um den Piz Tschütta herum.
Für eine Viertelstunde bin ich auf österreichischem Boden, dann kehre ich wieder zurück, als eben die Sonne im Val Torta aufgeht.
Ganz zuhinterst, nahe der Grenze, suche ich mir ein Versteck und halte ein. Eine unerklärliche Kraft treibt mich. Alles geschieht mechanisch, wie im Wahn, scheint aus einem Traum zu kommen. Eine Ahnung kündet die Dinge an, dann treffen sie ein.

Eu am stend oura sül pissun e saint pür dret la stanglantüm.
L'ossa am fa mal e'l cheu am doula.
Il terrain es amo ümid e fraid.
Meis corp trembla. La dainta marva ha fadia da rivir la buscha. Eu tir oura la butiglia e pigl ün pêr süervs. E lura am lascha crodar per quai via e poz meis cheu sülla buscha.
Il sulai as zoppa davo las nüvlas.
Fin saira sarà qua la plövgia.
L'ajer es stit e greiv.
Eu ser ün mumaint ils ögls.

Ausgestreckt auf dem verdorrten Gras, merke ich nun erst richtig die Müdigkeit. Jeder Knochen tut mir weh, mein Kopf hämmert.
Der Boden ist noch feucht und kalt.
Mein ganzer Körper zittert. Mit Mühe gelingt es den starren Fingern, den Rucksack zu öffnen. Ein paar Schlucke aus der Flasche. Dann lasse ich mich zurückfallen und lege meinen Kopf auf den Rucksack.
Die Sonne verbirgt sich hinter den Wolken.
Bis zum Abend wird der Regen da sein.
Die Luft ist schwül und schwer.
Für einen Augenblick schliesse ich die Augen.

Ed uossa, pover nar? – est gnü sü qua a sfollar la vuolp? L'ümiliaziun subida am vaiva toc sül viv. Eu am sentiva büttà per terra, sfrischlà, ruinà per adüna.

E tuottüna, immez la disperaziun m'algordaiv'eu be s-chür, ch'inchün am vaiva hoz a bunura dat in man il schluppet e'm guidà tras la s-chürdüm fin sü qua. E quist «inchün» dozaiva amo adüna il cheu e's dostaiva. Mo eu am di: cumediant, tü nun est l'hom per realisar quai chi serpagescha giò'l fuond da teis immaint. Tü voust be zoppantar tia deruotta.

E lura gniva darcheu sur da mai quel presentimaint sgür chi s'ha uschigliö be aint il sömmi, ma chi mâ nu falla: el vain! el sto gnir! in pac mumaint starà'l qua davant tai.

La temma am surprenda.

Eu dun sü ün sigl, tschüf la butiglia e baiv e baiv sur cheu oura, infin chi'm va tuot intuorn. E lura am büt eu per quai via, am cupid e croud in ün trabügl da sömmis burlescs:

Und nun, armer Narr? – bist da hinauf gekommen, um den Fuchs auszubalgen?

Die Demütigung hatte mich im Innersten getroffen. Am Boden zerschmettert, zerstört, auf immer ruiniert, so schien es mir.

Und doch erinnerte ich mich in der Verzweiflung, dass mir jemand in der Frühe ein Gewehr in die Hand gedrückt und mich durch die Dunkelheit bis da hinauf geführt hatte. Dieser Jemand hob immer noch den Kopf und setzte sich zur Wehr. Aber zu mir sage ich: Du Komödiant, bist nicht Manns genug, was in dir brodelt, umzusetzen. Willst nur deine Niederlage verbergen.

Dann überfiel mich wieder jene sichere Ahnung, die einem nur im Traum begegnet und die nie fehlt: Er kommt! Er muss kommen! In wenigen Augenblicken wird er vor dir stehen.

Die Angst übermannt mich.

Ich springe auf, greife die Flasche und trinke, saufe, bis sich alles um mich herum dreht. Dann werfe ich mich hin und falle in einen Halbschlaf, in einen Wirrwarr von komischen Träumen:

Eu dod ün sfrach – lura üna ramplunada. Am volvand inavo vez eu a gnir our da porta üna tschiera da puolvra e füm. Ün presentimaint s-chür am disch cha'l mür da piertan pudess esser sbodà insembel. Eu cuor in prescha sü vers chasa ed inscuntr a mia duonna. Quella tschögna da quai misterius sü per mai e disch: «Eu n'ha vis a gnir tuot, uossa va tü aint e fa bun!» Baincomal, immez piertan es üna muschna intera da crappa. Sün quella sta ün immens giattun cotschen chi bütt'il pail be gualiv sü e fa üna goba. El schmiaula, sofla e muossa ils daints.

«Uossa cumprouva cha tü est ün hom!» disch la matta e va sü da s-chala dand adüna darcheu ün tschüt giò vers mai. Eu dun man il schluppet ed improuv da merar. Ma la puolvra am va aint ils ögls e'm tschiorbainta.

Intuorn mai sta üna schurma d'homens trats aint a nair. I dan dals mans, uzlaintan e chatschan: «Tü hast dabun ün unic tun, tuot dependa da quel. Tira, tira!» L'anguoscha am paralisescha.

In quel mumaint am saglia la bes-cha adöss.

Eu saint a penetrar sias griflas sco aguoglias aint illa charn, dun ün sbraj e'm sdruagl.

Ich höre einen Schlag – dann ein Rumpeln. Wie ich mich umdrehe, ist die Tür von Nebel und Rauch verhangen. Eine dumpfe Ahnung sagt mir, dass die Mauer des Hausflurs eingestürzt sein könnte. Ich haste zum Haus hin, wo ich auf meine Frau stosse. Sie nickt geheimnisvoll und sagt: «Ich hab's ja kommen sehen, nun sieh zu, wie du's wieder gut machen kannst!» Tatsächlich, inmitten des Hausflurs liegt ein Steinhaufen. Zuoberst steht eine riesige rote Katze, bucklig, mit gesträubtem Fell. Sie miaut, faucht und bleckt die Zähne.

«Zeig jetzt, dass du ein Mann bist!» sagt das Mädchen, wie es die Treppe hinaufsteigt und mir immer wieder einen Blick zuwirft. Ich greife zum Gewehr, versuche zu zielen. Das Pulver steigt mir aber in die Augen und nimmt mir die Sicht. Um mich herum stehen Männer, schwarz gekleidet. Sie gestikulieren, sticheln und drängen: «Du hast einen einzigen Schuss gut, von ihm hängt alles ab. Schiess, schiess!» Die Angst lähmt mich.

Da springt mich das Tier an.

Ich spüre seine Krallen, wie sie Nadeln gleich in meine Haut eindringen, ein Schrei reisst mich aus dem Schlaf.

Che pover esser!
Il cheu am batta.
Eu am tegn vi dal pissun.
Üna savur ascha da terrain ümid am va sü pel nas.
I'm vain adimmaint ingio ch'eu sun: qua, süsom il cheu dal diavel, in butatschas – sulischem sulet – immez la grippa.
Eu larg il scuffel, doz il cheu e barbot dapermai.
E lura dun eu ögl vi da tschella vart da la val ün barlun cotschen.
Es quai forsa il giattun chi'm vulaiv'assaglir?
Nu'm far rier!
Mias griflas tendschan plü dalöntsch.
Meis man tschüff'il schluppet e til tira nan ün pa plü dastrusch.
Eu fetsch mots da merar.
Hp – hp – hp –
Il stomi as revolta.
Na per nüglia, eu poz sün ün crap.
Cun stainta am struozch eu ün pa da la vart. –
Ed uossa, ingio es la canaglia? – Eu tilla vaiva in mera. Meis ögl sieua al gö da muos-cha e mera chi sbaluonzchan e nu vegnan da's lovar.
Dandettamaing il sang am sta salda.
Il schluppet am crouda our d'man. –
L'es qua!
Ils mans am tremblan.

Armseliges Leben!
Der Kopf hämmert.
Ich kralle mich am Gras fest.
Ein saurer Geruch von feuchter Erde steigt mir in die Nase.
Es fällt mir ein, wo ich bin: da, am Ende der Welt, auf dem Bauch – mutterseelenallein – inmitten des Gerölls.
Ich muss lachen, hebe den Kopf und grummle vor mich hin.
Da fällt mir der grosse rote Klumpen auf der andern Talseite auf.
Ob das wohl die Katzenbestie ist, die mich vorhin anfallen wollte?
Dass ich nicht lache!
Meine Finger greifen weiter.
Meine Hand bekommt das Gewehr zu fassen, zieht es ein wenig näher.
Ich tue, als ob ich zielen würde.
Hp – hp – hp –
Mein Magen dreht sich.
Nicht von ungefähr, ich liege auf einem Stein.
Mühsam rücke ich ein wenig zur Seite. –
Und nun, wo steckt dieses Luder? – Ich hatte ihn doch im Visier. Mein Auge folgt dem Spiel zwischen Kimme und Korn, die hin und her wanken, sich nicht zusammenführen lassen.
Da stockt mit einemmal mein Blut.
Das Gewehr fällt mir aus der Hand. –
Da steht er!
Meine Hände zittern.

Ün hom cun alch brün-cotschnaint sülla rain s'ha tschantà sün ün muot visavi. –

Fors'es tuot be ün sömmi.

Eu am di: tü t'insömgiast, ma eu sa ch'eu ingian a mai svessa.

Meis ögls larman.

Eu am di: tü est aint ill'ogna e nu sast plü che cha tü fast.

Eu cumainz a far stincals: at sdruaglia, at dosta ant ch'el at saglia adöss! – eu ri e scufl e fetsch finta d'ir a tir.

Ed uossa amo duos süervs! e darcheu sun qua ils homens a nair. I dan dals mans, uzlaintan e chatschan: «Tira, tira!»

Quist aguagliöz m'agita.

Inchün am schnomna.

Il sang am buoglia.

Inchün am clama davo: «Ruffian, pitaner!»

Spetta canaglia ch'eu at randsch!

Il feil am va sura. Sco quista am squintast!

Üna sdarlossada dandetta fa gnir in sai il sömgiader. – Eu stögl avair battü malamaing cunter ün crap.

Tuot va intuorn. –

E lura, sco toc da la sajetta, dun eu sü ün sagl spaventà.

O schmurdüm!

Our dal chafuol da meis immaint am para d'udir il rebomb d'ün tun – e d'ün sbraj. –

E fingià am struozch eu sün tuots quatter sü dal vallun.

Ein Mann, etwas Rotbraunes verdeckt seinen Rücken, hat sich auf der gegenüberliegenden Anhöhe hingesetzt. –
Vielleicht ist alles nur ein Traum.
Ich rede mir ein zu träumen, aber ich weiss, dass ich mich selbst täusche.
Meine Augen tränen.
Zu mir: Du sitzt in der Tinte und weisst nicht mehr, was du tust.
Ich stachle mich mit ein paar dummen Bemerkungen an: Wach auf, wehr dich, bevor er dir auf den Pelz rückt! Ich krümme mich vor Lachen, lege zum Schein an.
Nun noch zwei Schlucke! Und wieder sind die schwarzen Männer da. Sie winken, necken und drängen: «Schiess, schiess!»
Ihr Sticheln reizt mich.
Jemand verhöhnt mich.
Das Blut steigt mir ins Gesicht.
Jemand ruft mir nach: «Zuhälter, Hurenbock!»
Warte, du Luder, dir werd ich's zeigen!
Die Galle geht mir über. Das wirst du mir bezahlen!
Ein heftiger Schlag reisst den Träumer aus seinem Wahn. –
Der Kopf muss an einem Stein aufgeschlagen sein.
Alles dreht sich. –
Dann, wie vom Blitz getroffen, schrecke ich auf.
Welch ein Grauen!
Tief in mir scheint mich der Widerhall eines Schusses – und eines Schreis – zu erreichen.
Schon schleppe ich mich auf allen vieren die Runse hinauf.

Fin qua!
Meis impissamaints as schenan d'ir plü inavant.
Eir meis pè as volva vers chà.
Eu tuorn inavo e pass darcheu vi da la punt.
Quai chi'd es passà nu's lascha müdar.
A verer inavo as fessa bler oter. Ma nus eschan speculants dal success e nu savain cha quel es sco l'or cha l'utuon sterna sün via. In nossa arsaja insaziabla invlidain nus da giodair il sulai cha mincha di ans regala.

Bis dahin!
Meine Gedanken hindern mich weiterzugehen.
Auch meine Beine wollen nach Hause.
Ich kehre um, gehe wieder über die Brücke.
Was geschehen ist, lässt sich nicht ungeschehen machen.
Im nachhinein würde man vieles anders machen. Aber wir sind Spekulanten des Glücks und wissen nicht, dass es wie das Gold ist, das der Herbst auf die Strasse streut. Diese unstillbare Gier hindert uns, das tägliche Geschenk, die Sonne, zu geniessen.

Sainza m'inaccordscher sun eu rivà oura pro'l grippun e vez a glüschir coura aint il tuorbel da la tschiera las glüms dal cumün.

In paca pezza saraja a chasa.

Dand ün'ögliada vi aint il cuvel, stöglia darcheu m'impissar a quel malvantüraivel inscunter cul fittadin e seis mat. Adonta la sborgna tils vaiv'eu cugnuschüts: duos gniffas malignas chi sfrignivan là aint il s-chür.

Che situaziun!

D'üna vart l'anguoscha da'm tradir, da tschella vart la lengua sfrenada chi nu's lascha plü redscher.

Ohne es zu merken, habe ich den Felsen erreicht, die Dorflichter leuchten durch den trüben Nebel bis zu mir hinauf.
Bald bin ich daheim.
Ein Blick zur Höhle ruft die unglückselige Begegnung mit dem Pächter und seinem Sohn in mir wach. Ich hatte sie trotz der Trunkenheit erkannt: zwei hämische Fratzen, die mich aus der Dunkelheit angrinsten.
Eine beklemmende Szene!
Da die Angst, mich zu verraten, dort die Zunge, die sich nicht mehr im Zaum halten lässt.

«Our da la bocca d'ün stuorn vain la vardà», tunaiva quai il di davo our da stüva. I d'eiran quaint chi baderlaivan dad otezzas, tuot tanteraint. Eu n'ha subit m'inaccort chi chi d'eira in trais-cha. Sün meis «olà» nu's doda plü flip. Lura davo üna lunga pezza la vusch dal vegl:
«Chi es quai?»
«Eu, Chispar.»
Mia vusch tuna da quai fraid.
«Fa il bain e vè aint», disch el cun tun intrià.
Tschels svanischan be a la mütta, ün d'üna vart e tschel da l'otra.
«Eu stögl discuorrer cun tai pervi da la fittada. Malavita sun eu sforzà da tilla clamar giò per prümavaira.»
Pover schani, el müda culur d'ün mumaint a tschel: «Tü fast nardats?»
Eu: «I'm displascha.»
El fa ün pêr ögls sco coppalas: «Tü nu varast bricha il cour da'ns metter oura sün via.»
Eu: «Infin prümavaira hast temp da tscherchar alch oter – chi sa, fors'est dafatta cuntaint da nun avair plü da chefar culs Rubars.»
L'es sblach per bocc'aint e sia vusch ha pers il cling: «Di'm la vardà, Chispar, es quai pervi dad her saira?»
Eu: «Nu giovar l'innozaint!»

«Kinder und Säufer sagen die Wahrheit», tönte es tags darauf aus der Stube. Sie sassen drinnen und redeten laut durcheinander. Ich wusste sofort, wer gemeint war. Meinem «Hallo» folgte betretenes Schweigen. Dann nach geraumer Weile die Stimme des Alten:
«Wer ist da?»
«Ich, Chispar.»
Meine Stimme hat einen kalten Klang.
«Sei so gut und komm herein», erwidert er in verhaltenem Ton.
Die übrigen verziehen sich, zur einen Seite oder zur andern.
«Ich muss mit dir über die Pacht sprechen. Leider sehe ich mich gezwungen, sie dir auf nächsten Frühling zu kündigen.»
Armer Tropf, er erbleicht: «Das ist nicht dein Ernst?»
Ich: «Es tut mir leid.»
Seine Augen werden immer grösser: «Du wirst es doch nicht übers Herz bringen, uns auf die Strasse zu stellen.»
Ich: «Bis zum Frühling hast du Zeit, etwas Neues zu suchen – wer weiss, vielleicht bist du noch froh, mit den Rubars nichts mehr zu tun zu haben.»
Er ist totenbleich, tonlos fragt er: «Sag's grade heraus, Chispar, ist es wegen gestern abend?»
Ich: «Spiel nicht den Unschuldigen!»

«Tü stoust s-chüsar, nus d'eiran là aint il cuvel suot tet, i d'eira s-chür ed i plovaiva a tschêl ruot.
Il prüm mumaint nu't vain nus gnanca cugnuschü.»
Eu: «I's cugnuoscha la glieud be cur chi's ha dabsögn – avair il cour da laschar ir ün pover amalà sulet da quioura, e quai amo in quell'ora!»
Üna lunga posa! Seis ögls am sguinchan. Eu sa che ch'el pensa e cuntinuesch: «Vais bain s'inaccorts ch'eu d'eira tuot pers e giaiva in ravaschia.»

«Musst entschuldigen, wir waren dort in der Höhle unter Dach, es war dunkel und regnete in Strömen.
Im ersten Augenblick haben wir dich nicht einmal erkannt.»
Ich: «Man kennt die Leute nur, wenn man sie braucht – das Herz zu haben, einen armen Kranken allein zu lassen, und dann noch bei diesem Wetter!»
Langes Schweigen. Er weicht meinem Blick aus. Ich kenne seine Gedanken und fahre fort: «Ihr habt doch bemerkt, dass ich völlig verloren war und fieberte.»

El doza ils ögls e'm fixescha da quai malsgür: «Eu n'ha amo dit al puob, be chi nu manca alch a quel hom.»

Eu: «Üna noscha surbavüda! po esser la mort» –

«Quai am displascha», disch el, «ma i d'eira s-chür ed eu nun ha pensà plü inavant.»

Eu m'inaccordsch ch'el ha dubis, ch'el nu sa che ch'el dess crajer: «Vus d'eirat ils unics ch'eu n'ha inscuntrà e chi'm vessan pudü güdar, ma uschè es quai sün quist muond, i's tschercha da far dal bain e da gnir incunter ingio chi's sa e po e l'ultim as haja il diavel per paja.»

«Eu n'ha uossa dudesch ans la fittada, e fin hoz nu vain nus mai gnü alch da chedir.» –

Eu: «La plü granda rabgia m'ha fat quel rier malign da teis mat.»

«Che voust, quai es amo ün kindel –»

«– cun üna lengua da mulet! Pür cha tü sapchast, eu nu patisch ch'el giaja intuorn cun bajarias.»

Eu müd tun:

«Eu sun pront da't gnir incunter, ma eu stögl pretender cha vus tegnat in frain vossas lenguas. Tü m'inclegiast!»

«Eu t'impromet – be nu'ns büttar our d'chà.»

Eu repet: «Tü m'inclegiast! – üna jada hast tü dabsögn da mai, ün'otra jada eu da tai.»

«Ün'otra jada eu da tai», n'haja dit be suot vusch, e noss ögls s'han inscuntrats.

Ün mumaint ch'eu nu poss invlidar.

Er hebt den Blick und schaut mich unsicher an: «Ich habe dem Bub noch gesagt, hoffentlich fehlt diesem Mann nichts.»
Ich: «Über den Durst trinken kann den Tod bedeuten!» –
«Das tut mir leid», sagt er, «aber es war Nacht, und ich hab mir nichts weiter gedacht.»
Ich spüre sein Zögern, er ist sich nicht mehr sicher, was er denken soll: «Ihr seid die einzigen gewesen, denen ich begegnet bin und die mir hätten helfen können; aber so ist's nun mal: Da versucht man Gutes zu tun, den andern entgegenzukommen, wo immer man kann, und als Dank hat man des Teufels Fusstritt.»
«Seit zwölf Jahren habe ich diese Pacht, und bis heute ist kein böses Wort zwischen uns gefallen.» –
Ich: «Am meisten hat mich das hämische Grinsen deines Buben geärgert.»
«Was willst du, er ist noch ein Kind –»
«– aber mit einer bösen Zunge! Du musst wissen, ich würde es nicht dulden, wenn er herumplappert.»
Ich ändere den Ton:
«Ich bin bereit, dir entgegenzukommen, aber ich muss darauf bestehen, dass ihr eure Zungen im Zaum haltet. Du hast mich verstanden!»
«Ich versprech's dir – nur wirf uns nicht aus dem Haus.»
Ich wiederhole: «Du verstehst mich! – einmal bist du auf mich angewiesen, ein andermal ich auf dich.»
«Ein andermal ich auf dich», fügte ich tonlos an, und unsere Blicke kreuzten sich.
Dieser Augenblick ist mir im Sinn geblieben.

Il funaral ha stuvü gnir surtrat pervi da l'autopsia. Ma'ls specialists sü da la Bassa nun han chattà bler oter co quai chi's pudaiva suppuoner: chi nu's tratta probabelmaing d'ün mordraretsch, ma plüchöntsch d'ün accidaint da chatscha, sco ch'el vain avant bod minch'an.

L'hom as vaiva tschantà là sün quel muot cun sia buscha brün-cotschnainta per far marenda.

Ün da quists fanatics nars ha vis a's mouver alch ed ha trat. Illa schmagna da far chatscha nu's piglian quels gnanca la peida da guardar inandret. L'unic ch'els han pudü constatar es cha'l tun sto esser gnü da tschella vart dal cunfin nan.

La not davo haja naivü e la daman nun han els pudü chattar ne passivas ne stizis. Las retscherchas s'han lura concentradas impustüt vidvart cunfin.

Die Beerdigung verzögerte sich wegen der Autopsie. Aber die Spezialisten im Unterland fanden nicht viel mehr heraus, als man hatte vermuten können: dass es sich wahrscheinlich nicht um einen Mord handle, eher um einen Jagdunfall, wie sie beinahe jedes Jahr vorkamen.
Der Mann mit dem rotbraunen Felltornister hatte sich auf jene Anhöhe gesetzt, um etwas zu essen.
Einer dieser Besessenen sah, dass sich etwas bewegte, und schoss. In ihrem Jagdfieber nehmen die sich nicht mal die Zeit, richtig hinzuschauen. Mit Sicherheit konnte man lediglich feststellen, dass der Schuss von der andern Talseite, von der Grenze her abgegeben worden war.
In der darauf folgenden Nacht hatte es geschneit, so dass am Morgen weder Spuren noch Fussstapfen gefunden werden konnten. Die Untersuchungen haben sich dann hauptsächlich auf das Gebiet jenseits der Grenze konzentriert.

Che funaral!
Eu vegn davo la bara infin sü suot il sunteri, là am fetsch eu da la vart oura e tuorn a chasa. Quel schgniclöz m'irritescha – e pleds da bara nu m'interessan.

Davo quel di nu s'han ellas plü muossadas, ne mamma, ne figlia.
Eu spet cun pisser sül prüm inscunter. Ma eu tillas stögl pudair verer, eu stögl pudair discuorrer cun Ria. Ün bel di – eu vegn tras cumün fand chalenders – sta ella inaspettadamaing davant mai. Che schmurdüm! Da far a tilla cugnuoscher! Be üna sumbriva!
Ant ch'eu riva la bocca per dir, eu nu sa che, as volv'la e svanischa sco ün spiert.
Eu rest là strami. Che situaziun desperada.
Eu nu ser ögl tuotta not, stübg invia e stübg innan. Davo madür cuschidramaint lasch eu assegnar üna somma plü granda a favur da l'uffant.
Dis inquiets plain intschertezza.
Las uras stan salda e fan beffa da mi'impazienza.
A la fin am poss eu persvader chi han acceptà la munaida. Il flà am vain sü plü leiv, ed eu improuv da'm concentrar sün mias lavuors chi s'han mantunadas avant las elecziuns: chartas, artichels per gazettas, referats e lapro amo tuot l'otra lavur da büro.

Die Beerdigung!
Ich begleite den Trauerzug bis unterhalb des Friedhofs, dort stehle ich mich zur Seite und kehre heim. Das Geheul nervt mich – Grabreden interessieren mich nicht.

Nach diesem Tag waren Mutter und Tochter verschwunden.
In Sorge erwarte ich die erste Begegnung. Ich muss sie sehen, muss mit Ria sprechen. Da, eines schönen Tages steht sie plötzlich vor mir, ich schlenderte in Gedanken versunken durchs Dorf. Schrecklich! Kaum wiederzuerkennen! Ein Schatten ihrer selbst!
Bevor ich mich fassen und irgend etwas stammeln kann, hat sie sich abgewandt und ist verschwunden, einem Geist gleich.
Ich bleibe wie gelähmt zurück, in ausweglose Verzweiflung.
In der Nacht mache ich kein Auge zu, wäge ab, bedenke. Nach reiflicher Überlegung lasse ich eine grössere Geldsumme zugunsten des Kindes überweisen.
Tage der Unruhe folgen.
Die Stunden stehen still, lachen über meine Ungeduld.
Endlich kann ich mich versichern, dass die Summe angenommen wurde. Erleichtert versuche ich mich auf den Berg von Arbeit zu konzentrieren, der sich so kurz vor den Wahlen angesammelt hat: Briefe, Zeitungsartikel, Vorträge, das alles neben der Büroarbeit.

A chasa regn'ün'atmosfera stitta plain tensiun. Quella tschera rasegnada da mia duonna am dà sülla nerva. Cur chi ha nom cha l'uffant saja nat, giov'la la rolla da martir, sco sch'ella nu vess savü dalönch innan sco cha las chosas stan. Nus vain adüna vivü ün sper tschel via. Ils raps chi vessan gnü tenor mamma da'ns render furtünats nun han portà früt, e'l chomp da nossa vita cumünaivla es restà vöd.

Zu Hause herrscht eine gedrückte Stimmung. Die entsagungsvolle Miene meiner Frau reizt mich. Als es heisst, das Kind sei geboren, spielt sie die Märtyrerin, als ob sie nicht schon lange gewusst hätte, wie die Dinge standen. Wir haben immer aneinander vorbei gelebt. Das Geld, das uns nach meiner Mutter hätte Glück bringen sollen, hat keine Früchte getragen, der Acker unserer Gemeinschaft blieb unbestellt.

Vers l'extern s'haja guardà da mantgnair almain tantinavant la fatschada; eir uschigliö van amo intuorn bajarias avuonda.

Davant nan, natüralmaing be las bellinas:

«buna saira, buna saira sar docter» e «allegra, allegra sar Chispar, che disch El da l'ora?»

I'm displascha, eu nu tilla n'ha fatta!

«Ch'El salüda in chasa.» – Eir amo quai, calfacter, simuladur!

Che chi fa mia duonna? – Va sü e guarda scha'l buonder at tainta.

Ingiavinà, da far adüna ils mans plains cun ustaria ed esters, gnanca temp d'ir intuorn cun tarlandas.

Ratatuglia! Pigliai giò la mascra e muossai vossas gniffas. Eu sa che cha vus vais in mera. A mai nu fais sül nas. Davo la rain via as parderdschais per am dar la botta mortala, mo fat quint ch'eu nu resta ozius. Üna vuolpatscha sco eu nu va uschè leiv aint illa trapla.

A la dieta dal parti as muossaraja co chi's fa politica.

Cun chatschar ouravant ün pêr revoluziunaris malmadürs nun esa amo guadagnà la battaglia. Il temp dal mazzacun es passà. Hozindi decidan diplomazia e tactica.

Nach aussen wahrte man, so gut es ging, Haltung. Böse Zungen gibt es so noch genug.
Zu mir natürlich nur Schmeicheleien:
«Schönen guten Abend, Herr Doktor», und «Seien Sie gegrüsst, Sar Chispar, was meinen Sie zum Wetter?»
Tut mir leid, hab's nicht selbst gemacht!
«Schöne Grüsse zu Hause.» – Auch das noch, verdammter Heuchler!
Wie es meiner Frau gehe? – Geh hinauf, schau selber nach, wenn du's wissen willst.
Erraten, alle Hände voll zu tun, mit der Gastwirtschaft und den Fremden, da bleibt keine Zeit für dummes Geschwätz.
Pack! Nehmt eure Masken ab und zeigt eure Fratzen. Ich weiss, was ihr im Schild führt. Mir scheisst ihr nicht auf die Nase. Hinterrücks plant ihr meinen Todesstoss, aber ihr könnt sicher sein, dass ich nicht untätig bleibe. Ein alter Fuchs wie ich geht nicht so leicht in die Falle.
Am Parteitag, da werd ich euch zeigen, wie man politisiert. Mit ein paar Revoluzzern, die das Maul aufreissen, ist der Kampf noch nicht entschieden. Die Zeiten des Morgensterns sind vorüber. Heute geben Diplomatie und Taktik den Ton an.

La sala es stachida.

Il parsura am vain incunter a dar il man. El squitscha l'ögl e tschögna cun schnöss vi sü per üna maisada da giuvnots. Quels chatschan ils cheus insembel e scuttan.

Id es ün'atmosfera stitta.

Eu am tschaint, svutr in mias giglioffas e dun fö üna cigaretta.

Meis mans fan movimaints schogns e malsvuots, sco scha quai füss la prüma jada ch'eu am met a fümar. –

Las tractandas as tiran a l'inlunga.

La tensiun crescha.

Rivats pro las tschernas daja il schlop.

«Giavüscha inchün da far amo otras propostas?»

I'm para be da verer cun che dischanza ch'el sta sü da la sopcha.

«In nom da la generaziun giuvna –»

Hmmm, eu n'ha güsta m'impissà.

«Per dar a la dieta ün aspet democratic – per impedir cha quella dvainta danövmaing üna farsa –»

Che sfruntadezza!

«Il pövel nun es qua be per applaudir e dir schi ed amen.»

Lura cumainza'l a partir oura da tuottas sorts tituls sco: reacziunaris, ultraconservativs ed oter plü.

«I fa dabsögn da forzas giuvnas, independentas chi han il curaschi da cumbatter per quai chi'd es dret e güst. –»

Der Saal ist zum Bersten voll.

Der Vorsitzende kommt mir mit ausgestreckter Hand entgegen. Er zwinkert mir zu und zeigt hämisch zum Tisch der Jungen hinüber.

Dort steckt man die Köpfe zusammen und flüstert.

Die Atmosphäre ist geladen.

Ich setze mich, krame in meinen Taschen nach einer Zigarette, zünde sie an.

Meine Hände sind fahrig und unbeholfen, als ob es meine erste Zigarette wäre. –

Die Traktanden ziehen sich hin.

Die Spannung wächst.

Bei den Wahlen kommt es zum Eklat.

«Wünscht jemand weitere Kandidaten vorzuschlagen?»

Ich sehe ihn noch vor mir, wie er sich breitspurig von seinem Stuhl erhebt.

«Im Namen der jungen Generation –»

Hmm, hab ich mir doch gedacht.

«Um der Tagung einen demokratischen Anstrich zu verleihen – um eine weitere Farce zu verhindern –»

Unverschämtheit!

«Das Volk ist nicht dazu da, nur Ja und Amen zu sagen.»

Es folgen allerlei Titel: Reaktionäre, Erzkonservative und ähnliches mehr.

«Wir brauchen junge und unabhängige Kräfte, die sich für Recht und Gerechtigkeit einsetzen. –»

Hai, forzas giuvnas chi savessan far tuot meglder cun la lengua.

Lura crouda meis nom. –

«– nun es la persuna chi ha la fiduzcha dal pövel. – La proposta ch'Els fan es ün affrunt a l'opiniun publica.» Eu dun via ün'ögliada sül parsura e fetsch minz da rier, ma mia fatscha es ün crap fraid immovibel.

E meis man chi tegn'il magöl ha pers il palp.

La maisa sta tort, meis bratsch sglischa sco ün ram sech da la vart giò.

Ün temporal as s-chadaina.

Chalavernas straglüschan.

I tuna sün tschêl.

La plövgia sflatscha e schuschura.

Che baccan! –

Quiet, Chispar, quiet, nu perder il cheu! Nu dodast la vusch dal parsura?

«A chi vain nus da savair grà, scha nossa val fa part al progress e gioda ils früts da la conjunctura?

Chi es stat l'iniziant da l'explotaziun da las forzas d'aua?

Chi ha propagà e cumbattü per l'arrundimaint e tras quai sgürà l'existenza a noss paurs?

Chi es il grand promotur dal trafic d'esters? Chi es stat quel chi ha fat quai? Chi es stat quel chi ha fat tschai?

Chi?... Chi?... Chi?... Chi?...

Ja, junge Kräfte, Grossmäuler, die alles viel besser wissen.
Dann fällt mein Name –
«– ist nicht der Mann, der das Vertrauen des Volkes hat. – Dieser Vorschlag ist für die Öffentlichkeit eine Zumutung.»
Ich werfe dem Vorsitzenden einen Blick zu, mache Anstalten zu lachen, aber mein Gesicht gleicht einem kalten Stein.
Meine Hand, die das Glas umschliesst, ist gefühllos.
Mein Arm fällt wie ein dürrer Ast über den schiefen Tisch.
Es entlädt sich ein Gewitter.
Wetterleuchten.
Donner.
Das Peitschen und Rauschen des Regens.
Ein Riesengepolter! –
Schön ruhig, Chispar, nur den Kopf nicht verlieren! Hörst du die Stimme des Vorsitzenden nicht?
«Wem verdanken wir den Fortschritt unserer Talschaft und die Ernte der Konjunktur, die sie geniesst?
Wer hat die Nutzniessung der Wasserkraft in die Wege geleitet?
Wer hat sich für die Güterzusammenlegung eingesetzt und damit die Existenz der Bauern gesichert?
Wer ist der grosse Förderer des Fremdenverkehrs?»
Wer hat das, wer jenes bewirkt?
Wer?... Wer?... Wer?... Wer?...

Succuors da schnester, succuors da dret, sco previs. La votaziun sigilescha mia victoria cun 197 cunter 133 vuschs.
La paglioula es statta greiva e lunga. Meis mans tremblan.
«Sar parsura, stimats delegats, eu ingrazch per la fiduzcha demuossada e'm decler quatras pront d'acceptar la tscherna. Eu fetsch quai cul ferm propöst da vulair metter dischinteressadamaing tuot mias forzas a disposiziun dal parti e da nos pövel. Eu am sun consciaint ch'eu surpigl üna greiva lezcha. Eu nu tilla n'ha tscherchada, mo improvarà da till'accumplir tenor meis meglder savair e pudair, sperand cha quai am reuschescha da guadagnar eir la simpatia d'üna part da tuot quels chi hoz nu s'han pudü decider da'm dar lur vusch.
Eu renunzch d'entrar sün attachas persunalas chi han tscherchà da metter in dubi mi'integrità e'm dar maindonur. Quai tuot stess suot mia dignità.
Be üna chosa, stimada radunanza, vuless eu avair dit e suottastrichà: scha quella politica chi'd es hoz gnüda demonstrada qua fa scoula, schi per nossa democrazia varà bainbod battü l'ura. Els han svessa vis e dudi cun che mezs chi vain cumbattü per büttar our d'chanvà l'adversari.»

Hilfestellung von links und rechts, wie geplant. Die Abstimmung besiegelt meinen Sieg mit 197 gegen 133 Stimmen.

Eine lange und beschwerliche Geburt. Meine Hände zittern.

«Herr Vorsitzender, geschätzte Abgeordnete, ich danke Ihnen für das erwiesene Vertrauen und erkläre mich hiermit bereit, die Wahl anzunehmen. Ich tue das mit der festen Absicht, meine Kräfte in uneigennütziger Weise für das Wohl der Partei und unseres Volkes einzusetzen. Ich bin mir dabei bewusst, eine schwere Aufgabe zu übernehmen. Ich habe sie nicht gewählt, aber ich werde versuchen, sie nach bestem Wissen und Gewissen zu erfüllen, und hoffe dabei, auch einen Teil der Stimmen, die mir heute versagt geblieben sind, zurückzugewinnen.

Ich verzichte, auf persönliche Angriffe einzugehen, die versuchen, meine Integrität in Zweifel zu ziehen und mir Ehrlosigkeit vorwerfen. Das wäre unter meiner Würde.

Nur eines, verehrte Anwesende, möchte ich gesagt und betont haben: Wenn es der Politik, die heute gemacht wurde, gelingen sollte, Schule zu machen, hat die letzte Stunde unserer Demokratie bald geschlagen. Sie haben selbst gesehen und gehört, mit welchen Mitteln gekämpft wird, um den Gegner unschädlich zu machen.»

Il sflatschar dal bügl sdruaglia il pover viandan. In paca pezza tschercharaja la sön spassegiand sü da stüva e giò.
Cupidà via sün cuotscha, dudirà eu darcheu quel sul traplunöz oura sün via. –
Eu doz il cheu e taidl co chi passan giò da giassa cun la portantina in man.
Tanter il murmuröz e traplunöz dals homens es inchün chi scuffuonda.
Eu fetsch sü ün sagl e vegn our in piertan.
Aint il s-chür dun eu ögl il schluppet chi penda vi dad ün crötsch. I'm vain adimmaint ch'eu vaiva quella saira invlidà da'l s-chargiar.
Eu fetsch glüm e tir vi da la serradüra: tric–trac.
Üna patrona vöda crouda per quai via e roudla da piertan oura.

Das Plätschern des Brunnens schreckt den armen Wanderer auf. Bald werde ich den Schlaf suchen, indem ich in der Stube auf und ab gehe.

Auf dem Sofa werde ich, kaum eingenickt, einzelne Schritte auf der Strasse hören. –

Ich hebe den Kopf und lausche, wie sie die Gasse hinuntergehen, die Tragbahre in der Hand.

Aus dem Gemurmel und den Schritten der Männer hebt sich ein Schluchzen.

Ich springe auf und trete in den Hausflur.

Im Dunkel fällt mein Blick auf das Gewehr an der Wand. Ich erinnere mich, dass ich es an jenem Abend nicht entsichert hatte.

Im Lichtschein ziehe ich am Verschluss: trik–trak.

Eine leere Patrone fällt zu Boden und rollt über den Hausflur.

Die Übersetzer

Mevina Puorger, 1956 geboren, aufgewachsen in Chur. Romanistikstudium an der Universität Zürich. Verheiratet, drei Kinder, wohnhaft in Zürich. Unterrichtet an der Volkshochschule Rätoromanisch und ist Assistentin am Romanischen Seminar der Universität Zürich.

Franz Cavigelli, 1946 in Zürich geboren. Nach dem Studium der Germanistik und Geschichte Lektor beim Diogenes Verlag und Programmleiter beim Manesse Verlag, seit 1992 Leiter des Bücherdienstes der Schweizer Kulturstiftung Pro Helvetia.